AF373026

* 9 7 8 9 7 7 8 8 2 5 3 9 8 *

آباء وأمهات

* الكتاب: آباء وأمهات

* الكاتبة: عبير خضر

* تصميم الغلاف: يمنى الباسل

تدقيق لغوي: قسم التحرير بمنتدى الأدب الحر

* إخراج داخلي: قسم الإخراج بمنتدى الأدب

* رقم الإيداع: 25615\2024

* الترقيم الدولي: 978-977-8825-39-8

صدر بالتعاون بين
دار مشكاة للطبع والنشر والتوزيع
ودار منتدى الأدب الحر للنشر والتوزيع

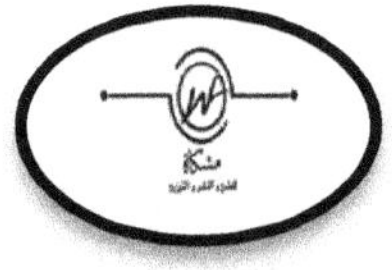

آباء وأمهات

عبير خضر

إهداء

إلى صاحبي في رحلتي...

رفيق دربي وعمري...

إليك يا زوجي الحبيب.

مـقـدمـة

عندما أشرقت الأرض بنور الرسالة المحمدية لتعلن عن بداية عهد جديد من زمن النبوة، ولتعلن عن منهج الهداية لتلك الحقبة الزمنية، استقبلت البشرية أولى تلك الكلمات التي جاء بها الوحي اقرأ يا محمد.

قال تعالى:

بِسْمِ اللَّهِ الرَّحْمَنِ الرَّحِيمِ

(اقْرَأْ بِاسْمِ رَبِّكَ الَّذِي خَلَقَ(1) خَلَقَ الْإِنسَانَ مِنْ عَلَقٍ(2) اقْرَأْ وَرَبُّكَ الْأَكْرَمُ(3) الَّذِي عَلَّمَ بِالْقَلَمِ(4) عَلَّمَ الْإِنسَانَ مَا لَمْ يعلم)[1]

صدق الله العظيم

---

[1] سورة العلق

لقد كانت أعظم افتتاحية لإعداد أعظم أمة؛ تلك هي الأمة التي يجب أن تكون، ولكن للأسف أُمة اقرأ معظمها لا تقرأ، هذه الآيات التي بدأت بإعجاز علمي حول خلق الأنسان لم تأتِ لتُحفظ عن ظهر قلب فقط؛ ولكن جاءت للبحث والتنقيب والمعرفة والاطلاع وتلك حياتنا أبدًا لم تكن لتدار بتلك العشوائية التي أصبحت عليها أمتنا، عشوائية لا ترقي لأمة منهجها الرباني الذي تتعبد به ينظم لها كيفية الآلية التي يستأذن بها الأطفال داخل الأسرة ويضع أحكام لرضاعة الأطفال بين الزوجين المنفصلين تلك التفاصيل الدقيقة التي لا تنم إلا عن منهج دقيق ومنظم يرفض العشوائية التي أصبحت تسيطر علي آلية التنظيم التي نتبعها في إدارة أمور حياتنا من زواج وتربية وغير ذلك.

إن الإخفاقات التي نتعرض لها خلال مسيراتنا الحياتية من أزمات في تربية الأبناء أو علاقات اجتماعية فاشلة تلك الإخفاقات ما هي إلا نتيجة العشوائية التي نشأنا عليها وأصبحت موروثات ثقافية نتناقلها بين الأجيال.

اعتذار واجب لأبنائنا

نتقدم باعتذار واجب لكم أحباب القلب لما اقترفناه من تقصير نحوكم وان كان بدون قصد منا فلا ذنب لكم، عذرا أحبابنا عذرا فرجاء أن تسامحوننا وأن تتعلموا من أخطاء والديكم، أعلم أنكم تدركون بعض الأخطاء التي اقترفناها معكم وبعضها لم تلاحظوها وحتى لا تقعوا فيما وقعن نحن فيه سأوضح لكم فانتبهوا جيدا

المقر بما فيه والديكم

يا قرة العين يا مريم ويا حبيبة القلب ويا آيات يا نبض الفؤاد يا محمود، إليكم هذه الكلمات وإلى كل زهور ورياحين هذه الأمة من فتيات وفتيان إلى من وصانا عليهم المصطفي صلي الله عليه وسلم حيث قال: "أوصيكم بالشباب خيراً فإنهم ارق أفئدة" الي أصحاب القلوب الرقيقة والحس المرهف أتقدم إليكم باعتذار واجب عن نفسي وعن كل أم وأب يشعر بما أشعر به ويخاف أن يقف أمام الله فيسأله أيها الراعي ماذا فعلت بمن استرعاك الله عليهم.

أبنائي اعتذارنا حق لكم فأرجوا من الله عزوجل أن تقبلوه وتلتمسوا لنا الأعذار فإن الزمان غير الزمان، وأن تتعلموا من أخطاء والديكم.

الخطأ الأول الوعي الهش والتفكير السطحي

نعم الوعي الهش والتفكير السطحي، لا أستطيع أن أصف تلك المرحلة التي كنا نتعامل بها بما لدينا من بعض الوعي الفكري كما كنا نعتقد وتطبيقاتنا وممارساتنا الحياتية لها إلا بالوعي الهش ؛ وبالتالي كان التفكير السطحي الذي يفتقد إلى العمق والفهم الصحيح، لا أعتقد أننا كنا نعاني من حالات فردية بل كنا صناعة جيدة لكل من يريد تهميش أمتنا، ولم يكن ليتحقق ذلك إلا بخلق جيل لا يعي ولا يدرك إلا القشور الخارجية ولا يتعامل مع أكبر القضايا إلا بقمة السطحية ؛ وهكذا قس على ذلك أمور الحياة كلها، وللأسف كنا نعتقد أننا نملك من الوعي الكثير، وهذه هي الطامة الكبرى أن أقيس مستوى فكري ووعيي علي بعض المحيطين بي فقط، إذن سنقف مكاننا ولن نبرحه، وكنا نعتقد للأسف أننا نملك أداة التغير السحرية إياكم أحبائي من الوقوع في هذ الفخ والذي مع الوقت يستدرككم بكل يسر وسهولة إلى أعظم أبواب الجهل بعينها، فلا تأسرك فكرة أو معتقد أو رؤيا لأمر ما إلا وأنت تعيش دور الباحث الجيد، والتلميذ المولع بالعلم، والمفكر الذي لديه القدرة على تمحيص المعلومات بدرجة عالية من العقلانية.

نعم أبنائي الأعزاء الوعي الهش، كنت بين بنات جيلي على قدر من الوعي والثقافة، ولكن أعترف الآن كان وعي هش وثقافة سطحية ليس لديها

من العمق والمتانة في تحقيق ما كنا نرنو إليه ونتمناه، كان لنا من الطموحات والأحلام المستقبلية ما يحتاج إلى إعداد أقوى بكثير مما كنا عليه، لم يكن لدينا ما هو متاح لكم اليوم من وسائل كثيرة للحصول على المعلومات، ولكن كان لدينا وقت غير مهدر نستطيع به الحصول على الكثير، كنت أتنقل بين أصدقائي بحثاً عن كتاب كنا نبحث كثيرا للحصول على المصادر لكن للأسف أتحدث عن نفسي أقرأ وأطلع ولكن آلية توظيف المعلومات والفهم العميق لم أحصل عليها وقتها ولذلك أقول كان لدي وعي وثقافة عن كل شيء ولكن وعي هش، وعي هش حول الأسرة والحياة الزوجية والعلاقات الاجتماعية حتى عندما التحقت بوظيفة وجدتني أمام مجتمع لم أكن عنه شيء وثقافة لا ترقى لبناء حياة ناضجة كنت أقرأ كثيرا ولكن عندما أقبلت على الزواج كانت ثقتي فيما لدي من رصيد من حفظ القرآن والاطلاع على الأحاديث النبوية سوف تكفيني لبناء أسرتي وحياتي وتربية أبنائي وإدارة بيتي وهذا الاعتقاد نفسه يدل على سطحية التفكير وهشاشته وضبابية الرؤيا لدي.

ولدي الحبيب ابنتي الحبيبة: في غمار الحياة وتجاربها وجدتني أتخبط كثيرا وأتعرض للانهيار أمام أمور هي طبيعية في الحياة الجديدة وفي العلاقات الجديدة. (هكذا أحدث نفسي الآن عندما أتذكر) كنت

تحتاجين عمق أكثر في فهم الأمور. أبنائي: لا تعتمدوا على موروثاتكم الثقافية ومعلوماتكم لبناء مستقبل أولادكم.

عندما يتحدث الشباب والشابات عن الزواج يتحدثون عن تكاليف الزواج من خطوبة وهداية وأثاث المنزل وحفلة الزواج كل ما يخطر عليهم من عمليات إنفاق لا تنتهي لعش الزوجية كما يقال، ولا يوجد ضمن الاهتمامات دورات خاصة للمقبلين على الزواج ومهارات الاستعداد الزواجي وإدارة ميزانية الأسرة وإدارة الوقت أو فن إدارة الخلافات الزوجية و وإدارة علاقات ناجحة مع أسرة جديدة وعائلة جديدة سوف يتم الانضمام إليها، تُرك كل ذلك للاجتهادات الشخصية، تتزوج الفتاة بأحلام وأفكار لا تمت للواقع بصلة وأيضا الشاب يقبل علي الزواج بنفس الأحلام أما عن الواقع والتعاملات والحقوق والواجبات والشراكة لم يتم وضع تصور لها ولم يتم التخطيط لها وضعت أيضا للاجتهادات الشخصية والمورثات الثقافية، عندما يلجأ الشباب إلي الزواج هل يدرك أنه يختار مستقبل عائلته؟ هل تعلم الزوجة أنها تختار مصير أولادها؟ هل يعلم الاثنين أن هذا الاختيار سوف يحكم على مصير علاقات اجتماعية بين أسرتين وقد تكون الأطراف من عائلة واحدة ستكون تلك العائلة مهددة في ارتباطاتها بنوعية العلاقات التي ستقوم بين الزوجين؟

إن السطحية التي نبني بها ونؤسس بها بيوتنا هي عوامل الهدم الأساسية التي تنهار بسببها البيوت قبل أن يتم البناء

الخطأ الثاني العشوائية في التربية

أمومة بلا خبرات التربية العشوائية بشكل عام هي التربية التي تفتقد إلى الأهداف الواضحة، بعد الزواج مباشرة يبدأ التفكير في المرحلة الثانية طفل وننتظر الطفل بكل شغف وحب نعم نريد طفل نبتهج به ونسعد به ويشتد الاشتياق اذا تأخر قدوم الطفل بل القلق والذهاب إلي الطبيب إلي أن نرزق بهذا المولود الصغير ما أسعدها من لحظات نعم أعددت احتياجات الصغير كلها حتي الشامبو الخاص بالطفل والملابس القطنية كل ما يحميه من أي أذي ؛ هل أعددت نفسي لاستقبال هذا المولود لم أكن أدرك أي شيء عن حال الأطفال حديثي الولادة لذلك مراحل الطفولة بالنسبة لي كانت معاناة، السهر وعدم النوم وصراخ الطفل لقد عانت طفلتي الأولي بسبب جهلي بأمور الأطفال، وقتها تمنيت أن أحصل علي أي مصادر كدليل إرشادي طبي والمضحك أنني كنت أعتقد أن كل من حولي يجب أن يرثي لحالي، وأمي كانت ترأف بي كثيرا لأنها رحمها الله كانت صاحبة عاطفة جياشة، أما الآن أريد أن أخبر ابنتي رسالة مهمة الأطفال ليسوا دمى لنسعد بهم ونلهو معهم فقط وعندما نري الوجه الأخر نحزن ونشتكي ونتألم الوجه الأخر الذي نراه من أطفالنا كصراخ ونوم ليس فيه راحة ومعاناة الشهور الأولي من حمل وولادة هي من أعطتك وسام وشرف الأمومة، هي حياة الأمومة بعينها هي الأمور الطبيعية التي يجب أن تدركيها وتعيها وتستقبليها بمهارات

تكتسبيها وتتدربي عليها لهذه اللحظات ومع المعاناة تستمتعي بحياة الأمومة التي تفتقدها الكثير من السيدات ويدفعن مبالغ طائلة لسماع صراخ الطفل قبل ضحكاته فالحمد لله رب العالمين أن رزقت بأجمل زهرتين في حياتي، لن أنسي يوم كانت ابنتي الكبرى تبكي وتصرخ و كانت وقتها تبلغ العامين من عمرها وشعرت بعجز شديد بعد طبعا أن قمت بالواجب من الصراخ وظللت أبكي أمامها لو سألني أحد لماذا كنت تبكي ؟ لقلت لأني شعرت بالعجز أن أسيطر كأم، أنا أم إذًا يجب أن أسيطر هذا كل ما كنت أعتقده وقتها للأسف.

كانت ابنتي الكبرى تجربتي الأولى، تسببت لها في وصول درجة حرارتها الي الأربعين وتشنجات حرارية لماذا يا أبنائي لأني فضلت أن اعطيها ماء بعسل لأن المضاد الحيوي سوف يؤذيها وظلت ابنتي تتعرض لتشنجات الحرارية لخمس سنوات من عمرها. هذا سر لم يعرفه أحد فأردت أن أبوح به لأستريح وأريح ضمير يا ابنتي ويا ولدي أعتقد أن هناك الكثير من الأمهات والآباء يدينون للطفل الأول باعتذار فقد كانوا تجاربنا الأولى.

الخطأ الثالث البحث عن المثالية

نماذج أبناء مثالين، بل وهم المثالية التي عشناها؛ ضرورة أن يكون ابني هو الأفضل دائما، هي فكرة كانت تجتاح جيل عصرنا الحاضر، ولعل الأخطاء التي ارتكبناها مع أبنائنا هي ركضنا لفكرة المثالية والكمال لا كمال إلا لله ونحن لسنا مطالبين بالمثالية التي أرهقنا بها أولادنا نحن بفطرتنا خطائين، المثالية الحقيقة هي إدراك الخطأ والتراجع عنه والاعتراف بالخطأ وإصلاح ما أفسدته بقدر استطاعتي، نحن بشر والصحابة كانوا بشر ورسولنا الكريم كان بشر عاتبه ربه في أكثر من موضع في القرآن لا لشيء إلا ليعلمنا رب العزة أن الكمال لله وحده، ناهيك عن شعارتنا حول تربية أبنائنا تربية إسلامية، نريد أبناء لهم روح القيادة مثل خالد بن الوليد وكثير من شعارات خرجت من عاطفة حقيقية صادقة نريد أبناء صالحين يصلح بهم حال أمتنا سنبذل كل الجهد في تنشئة جيل متميز نفخر به وتفخر به أمة محمد، عاطفة ما أروعها، ولكن كيف ما هي الدراسة التي قمت بها لتربية طفل متميز ما هي الوسائل التي سأستعين بها في تنمية مهارات أولادي ما هي رؤيتي في التوجيه معهم؟ ماهي وسائل الثواب والعقاب؟ كيف سأبدأ معهم؟ في أي عمر يدرك طفلي ويشعر بتواصلي معه؟ ماذا تعلمت من وسائل التربية التي تعامل بها الرسول مع الأطفال والفتيه والشباب، بل والشيوخ أيضاً طموحاتنا في التربية تفوق قدراتنا ولا أخفيكم سرًا بعض الاجتهادات الشخصية من هنا وهناك فقط لا غير.

الخطأ الرابع ممارسة سلطة السادة

أنتم أبناؤنا ولستم عبيد إحساننا نعم ابني الحبيب ابنتي الحبيبة أنتم متعة الحياة ورونقها بل روعتها أنتم الأنس وقرة العين لا نهنأ بالحياة بدونكم لا نشتاق المستقبل وننتظره ونتمناه إلا بصحبتكم أنتم عطية الله لنا منحته لنا سبحانه وتعالى، لا يختلف أي أب وأم عن هذه الحقيقة الراسخة في وجداننا نحن الآباء، ولكن الكثير منا يستخدم طرق لحماية هذه النعمة بعقلية بعيدة كل البعد عما يختمر بداخلة من حب، يلجأ لوسائل تربوية لا تنتمي إلي التربية الصحيحة ويقول هكذا ربانا آبائنا ونشأنا أفضل ما يكون، إن أبنائنا لهم حق الرعاية الكاملة وتوفير ما يحتاجونه بما هو ميسر لنا وعلينا أن نبذل كل ما نستطيع لتوفير حياة كريمة لهم، احذروا هم... ليسوا عبيد إحساننا

لا تمنوا على أولادكم بالحياة الكريمة التي يحيونها معكم

عندما يردد الوالد أنا أنفق عليكم كذا وأطعمكم أحسن طعام أفضل ملبس وإلى آخره، أيها المربي هذا واجبك إطعامه مما تأكل وتشرب أعلم كثير من الآباء لا يتركن فرصة إلا ويعددن ما يقوموا به من واجبات نحو أبنائهم، بل هناك من يهدد أبنائه انه سوف يتخلى عن توفير تلك الحياة الرغدة، أحيانا نلجأ لهذا الأسلوب ليشعر أبنائنا بتضحياتنا نحوهم وذلك أثناء غضبنا وتلك من الأخطاء الشائعة من المربين أبنائي نحن

بتلك الكلمات التي نتلفظ بها تنفيساً عن غضبنا نحن نهدد أمنهم نحو تلك الحياة التي يحيونها في كنف الوالدين.

لا تمنوا على أولادكم بعطائكم هم ليسوا عبيد هم زهرة الحياة الدنيا وما تنفقه الآن على ثلاث أبناء رزقك الله بهم غيرك ينفقه في محاولة للحصول على رائحة طفل، أيها الآباء لا تقابلوا نعمة الله بالجحود استمتعوا بالنظر إلى أبنائكم وادعو لهم.

لا تمارسوا سلطة السادة على أبنائكم

ليسوا عبيداً هم شركائنا في هذه الحياة لا تستخدم سلطة القوة فتقول له ستفعل كذا وكذا أو لا تفعل كذا وكذا كانت إحدى قريباتي تنتزع التليفون من أبنائها وتعاقبهم حتى وهم في المرحلة الجامعية تعطي الأمر مرة واحدة؛ وإذا تباطئ أحدهما تصرخ بشدة، هي تري نفسها أم تجيد السيطرة نعم هي سلطة السادة وتعتقد أنها تربي تربية صحيحة. وللأسف عندما أدركت خطأها نتيجة العلاقة الفاشلة بينها وبين أولادها وبدأت تحاول إصلاح ما أفسدته كان الأوان قد فات، وما زالت تحاول أملها في الله أن يصلح ما أفسدته. احذروا أبنائي وبناتي التربية ليست بالأمر اليسير أجيدوا مهارة التربية بالوجه الذي يرضي الله عنا. أبنائنا هم أمانة عندنا.

الخطأ الخامس عدم الإنصات الجيد

أبنائي الأعزاء مازلت أعلنها أمامكم لقد كان لنا من أخطاء التربية في مراحل عمركم المختلفة ما أتمنى أن تتجنبوها مع أولادكم فتعلموا من أخطائنا حتى لا تتذوقوا مرارة الشعور بالتقصير في أداء ما كان يجب وكم أتمنى أن تكونوا والدين رائعين يفخر بكم أولادكم أعلم أنكم أروع أبناء وسوف تغفروا لنا.

كنت أستمع إليكم كثيراً، وأتحدث معكم، ولكني لم أكن منصته جيدة وهناك فرق كبير نعم أبنائي عندما تستمع فقط؛ أنت لا تركز ومن السهل أن يتشتت انتباهك وهو يحدثك، وأحياناً وأنت تستمع قد تعطي بإشارات محبطه ويكون لك ردة فعل انفعالية للأمور العاطفية لأنك لا تنتبه أصلا للحوار بشكل كامل انتبه أنت تسمع فقط أنت لا تُنصت بالشكل المطلوب.

بني بنيتي لا تسمعوا فقط، بل أنصتوا جيدا؛ إن التفاعل بتعبيرات الوجه أثناء الإنصات تشجع المتحدث على الاستمرار في الحديث والتعليق بكلمات بسيطة تظهر تفاعلك وتركيزك معه فلا تتركه وتذهب وان حدث شيء اضطراري فاعتذر وعد سريعا وأنت تنطق بآخر كلماته التي نطق بها واطلب منه أن يواصل لا تقاطعه لتعلق أنصت لآخر الحديث.

نعم أبنائي لتكونوا آباء جيدين حاولوا أن تملكوا آذاناً كبيرة كآذان الفيلة وهذا تعبير عن الإنصات باهتمام، يقول خبير التربية الدكتور إبراهيم الخليفي: أتخيل الآباء الجيدين والأمهات الجيدات يملكون آذاناً كبيرة كآذان الفيلة أي ينصتون جيداً.

الإنصات الجيد يبني جسور الثقة ويجعل الأبناء يخرجون مكنونات دفينه وهنا تستطيع كسب ابنك وكيفية أن تكون سند له.

احذر أن تسمع له وأنت كل تفكيرك إعداد الردود وكأنها مواجهة بين بعضكم البعض ومن منكم سيفوز بالجولة، بني هم أبنائنا ليسوا منافسين لنا لنخسر المواجهة أو المنافسة، ولكن لا تخسرهم، ولكيلا نخسر لجوئهم إلينا يجب أن نحافظ على احتوائنا لهم لأنهم مهما شردوا سيعودون يوما تحت أجنحتنا لنحتويهم وسيدركون كم كنا نحبهم ونريد لهم الخير كله.

الخطأ السادس عدم ضبط انفعالاتنا

ضبط الانفعالات: عندما لا نجيد السيطرة على انفعالاتنا ازاء المواقف المختلفة التي تصدر عن الأبناء في مراحل العمر المختلفة، فلا يكون منا غير التسرع في إصدار الأحكام، وعدم إعطاء الفرص الكافية للدفاع عن أنفسهم، وعندما يتحدث الأبناء مع آبائهم وهم لا يأمنون على أنفسهم من ردود أفعال قد تكون إهانة أو توبيخ أو سخرية، بل يصل الأمر إلى الصراخ خاصة من الأمهات؛ وتلك ردود الأفعال قد لا يكون لها علاقة في الأساس بالأبناء، بل نتيجة ضغوط حياتيه ونفسية ولا يوجد غير الأبناء للتنفيس عن غضبنا، تلك كارثة من الكوارث.

أبنائي نحن بهذه التصرفات نساعد في بناء شخصية جبانة، عندما يقف ابنك أمامك ولا ينظر لعينيك وأنت تخاطبه وتناقشه في أمر ما اعلم أيها الوالد العزيز؛ إن ابنك شخصية ضعيفة أمامك ولا يستطيع المواجهة، فانتبه وغير من أسلوبك معه، فهو رغم وجودك بجانبه يفتقد الشعور بالأمان.

تدريوا على ضبط انفعالاتكم مع الأبناء، تدريبوا جيدا، ولا تقعوا في بعض أخطاء الآباء عندما يواجهون أبنائهم بأخطائهم ويتهرب الأبناء من التصريح خجلاً من أنفسهم ويبدوا ذلك عليهم، هل يكتفي الآباء بهذا؟ بل البعض يقوم بإعطاء تعبيرات بالوجه مستفزة للأبناء وكأنه يُعَريه

أمام نفسه، هذه التعبيرات للأسف الشديد تهدم جسور الثقة نهائيا بينهم وبين بعض؛ هكذا ينتصر الآباء لأنفسهم ولتكن النتيجة كما تكون، حتى لو كانت مقابل خسارتهم لأبنائهم بشكل نهائي

أبنائي وبناتي

إن فرصتكم اليوم لتكونوا أبوين صالحين أكبر بكثير مما كان متاح لنا في عهد شبابنا، أبنائي: أمامكم الكثير من مراكز التدريب التي تهتم بعملية التربية ووسائلها وخبراء على مستوي عالي جدا وكتب وبرامج متميزة لخبراء أفاضل في ذلك المجال؛ مما سوف يضيف لكم مهارات يجب أن تتسلحوا بها خلال مسيرتكم الحياتية مثل مهارة إدارة الوقت ومهارات الحوار والإنصات الجيد وهذه مهارات مهمة جدا لكل مربي، أبنائي إن التربية مسئولية عظيمة فأعدوا أنفسكم لهذه المهمة.

أبنائي وأحباب قلبي

أنتم أملنا في هذه الحياة ما أخفقنا فيه وعجزنا عن الوصول إليه نتمنى أن تجتازوه وتعبروه بكل يسر وسهولة، وأن تصلوا إلى كل ما ترنوا إليه من أحلامكم وأمالكم المستقبلية، وأن توفقوا في تربية أبنائكم على المنهج الصحيح دون تخبط ودون تقصير فتكونوا نعم الوالدين لأروع أبناء. أحبابي ادعوا من الله عز وجل أن نستطيع فيما تبقي لنا من عمر لنا أن نتلمس معاني ومفاهيم وأساليب التربية الصحيحة ما زالت أمامنا الفرصة فإن لم يكن مع الأبناء فمع الأحفاد إن شاء الله.

الرحلة الأولى رحلة خارج نطاق الزمن

في رحاب الملأ الأعلى

يا زهور أمتنا ورياحينها بل مستقبلها وطوق نجاتها اسمحوا لي أن أصحبكم معي في رحلة خارج نطاق الزمن الذي أَلِفناه وخارج نطاق الحدود المكانية التي اعتدناها، رحلة تأملية وفكرية وعقلية رحلة إلى الملأ الأعلى في مشهد تم توثيق أحداثه في أعظم كتاب على وجه الأرض لنعيشه ونتأمله ونتدبره ونتعلم منه، رحلة إلى الملاء الأعلى لنستمع إلى ذلك الحوار الرباني والتربوي إنها قصة البشرية قصة الخلافة على هذه الأرض؛ لنستنبط الحكمة ونعي الدرس والعبرة؛ ولنتعلم أرقى دروس التربية، من خلال وقفاتنا معا سوف أتحاور معكم وسوف نتساءل فيما بيننا عند كل موقف لنستخلص معا تلك الدروس العظيمة.

لننطلق أيها الأبناء لنخوض تلك الرحلة الربانية ونعرج معاً إلى الملاء الأعلى بأذهان متوقدة وعقول متفتحة وقلوبٍ واعية وآذان منصته لصوت عبد الباسط وهو يتلوا قصة البداية.

وَإِذْ قَالَ رَبُّكَ لِلْمَلَائِكَةِ إِنِّي جَاعِلٌ فِي الْأَرْضِ خَلِيفَةً قَالُوا أَتَجْعَلُ فِيهَا مَن يُفْسِدُ فِيهَا وَيَسْفِكُ الدِّمَاءَ وَنَحْنُ نُسَبِّحُ بِحَمْدِكَ وَنُقَدِّسُ لَكَ قَالَ إِنِّي أَعْلَمُ مَا لَا تَعْلَمُونَ (30) وَعَلَّمَ آدَمَ الْأَسْمَاءَ كُلَّهَا ثُمَّ عَرَضَهُمْ عَلَى الْمَلَائِكَةِ فَقَالَ أَنبِئُونِي بِأَسْمَاءِ هَٰؤُلَاءِ إِن كُنتُمْ صَادِقِينَ (31) قَالُوا سُبْحَانَكَ لَا عِلْمَ لَنَا إِلَّا مَا عَلَّمْتَنَا إِنَّكَ أَنتَ الْعَلِيمُ الْحَكِيمُ (32) قَالَ يَا آدَمُ أَنبِئْهُم بِأَسْمَائِهِمْ فَلَمَّا أَنبَأَهُم بِأَسْمَائِهِمْ قَالَ أَلَمْ أَقُل لَّكُمْ إِنِّي أَعْلَمُ غَيْبَ السَّمَاوَاتِ وَالْأَرْضِ وَأَعْلَمُ مَا تُبْدُونَ وَمَا كُنتُمْ تَكْتُمُونَ (33) وَإِذْ قُلْنَا لِلْمَلَائِكَةِ اسْجُدُوا لِآدَمَ فَسَجَدُوا إِلَّا إِبْلِيسَ أَبَىٰ وَاسْتَكْبَرَ وَكَانَ مِنَ الْكَافِرِينَ (34) وَقُلْنَا يَا آدَمُ اسْكُنْ أَنتَ وَزَوْجُكَ الْجَنَّةَ وَكُلَا مِنْهَا رَغَدًا حَيْثُ شِئْتُمَا وَلَا تَقْرَبَا هَٰذِهِ الشَّجَرَةَ فَتَكُونَا مِنَ الظَّالِمِينَ (35) فَأَزَلَّهُمَا الشَّيْطَانُ عَنْهَا فَأَخْرَجَهُمَا مِمَّا كَانَا فِيهِ وَقُلْنَا اهْبِطُوا بَعْضُكُمْ لِبَعْضٍ عَدُوٌّ وَلَكُمْ فِي الْأَرْضِ مُسْتَقَرٌّ وَمَتَاعٌ إِلَىٰ حِينٍ (36) فَتَلَقَّىٰ آدَمُ مِن رَّبِّهِ كَلِمَاتٍ فَتَابَ عَلَيْهِ إِنَّهُ هُوَ التَّوَّابُ الرَّحِيمُ[1]

صدق الله العظيم

تبدأ رحلتنا التدبرية في الملأ الأعلى في حضرة الملائكة، ذلك المشهد المهيب، ولما لا؛ إنها ملائكة السماوات والأرض تجتمع لأمر عظيم؛ رب العزة سوف يخبرهم عن بداية البشرية سوف يخبرهم عن آدم ذلك المخلوق الطيني الذي لم يُخلق من نار ولا من نور.

الكل في حضرة الله ليخبرهم إني جاعل في الأرض خليفة تلك الأرض التي شاهدتها الملائكة تُعد وتُمهد وتُزين لمن سيسكن فيها، والآن سيتم تتويج الخليفة على تلك الأرض؛ أما الملائكة فهي مخلوقات مكرمة وظيفتها طاعة أمر الله عزوجل (لا يَعْصُونَ اللَّهَ مَا أَمَرَهُمْ وَيَفْعَلُونَ مَا يُؤْمَرُونَ)[1] موقف مهيب في الملاء الأعلى تحضره الملائكة إني جاعل في الأرض خليفة، المدهش أن الملائكة لا تناقش لا تستفسر ليس لها الحق هي فقط تفعل ما تؤمر ومع ذلك يأذن رب العزة أن تحاوره الملائكة فتقول أتجعل فيها من يفسد فيها ويسفك الدماء!

لنقف هنا لحظه هل هذا اتهام من الملائكة، بأن آدم مخلوق لا يصلح لمهمة الخلافة؟ أم إنه تجاوز من الملائكة في حق الله الذي سمح لهم بهذا الحوار.

<hr>

لو كان رئيس شركة وأخبر الموظفين أن تلك الحجرة التي تم إعدادها سيأتي فلان يعمل فيها وكان رد الموظفين أتريد أن تجعل بيننا إنسان مخادع وكاذب؟ ماذا سيكون الرد؟ سيتهمهم أنهم لا يثقون فيه ولا يحسنون الظن فيه، أما ربنا خالقنا قال للملائكة إني أعلم ما لا تعلمون أتدرون أبنائي حوار بين الله خالق السماوات والأرض وعباده الملائكة لم يعاتبهم لم يغضب، بل حاورهم وأجابهم إني أعلم ما لا تعلمون.

مازالت رحلتنا التأملية أبنائي نشاهدها في حضرة هذا الاجتماع المهيب هل اكتفى رب العزة بهذا؟ لا بل أعطاهم حجة أخرى يشاهدونها ويستمعون إلى ذلك الدليل التطبيقي على صلاحية آدم لتلك المهمة؛ فالله يعلم مالا تعلمه الملائكة، فعلم آدم من كل العلوم وأعطاه قدرات فكرية وعقلية لتوظيف العلم واكتشاف الأسرار الكونية، ووقف آدم أمام الملائكة ليثبت لهم أنه جدير بذلك التكريم وهذه المسئولية، وخاصة عندما عجزت الملائكة عن الإجابة، واعترفت أن ما لديها من علم هو من عند الله، لا تستطيع أن تزيد عليه؛ بل ولا تملك القدرة علي ذلك وقال الله عز وجل يا آدم أخبرهم ليعلموا(قَالَ يَا آدَمُ أَنبِئْهُم بِأَسْمَائِهِمْ ۖ فَلَمَّا أَنبَأَهُم بِأَسْمَائِهِمْ قَالَ أَلَمْ أَقُل لَّكُمْ إِنِّي أَعْلَمُ غَيْبَ السَّمَاوَاتِ وَالْأَرْضِ وَأَعْلَمُ مَا تُبْدُونَ وَمَا كُنتُمْ تَكْتُمُونَ)[1] الله يذكرهم

أنه قال لهم أنه يعلم الغيب ويعلم ما يكتمون ويظهرون أعطاهم الدليل الأول إني اعلم ما لا تعلمون ثم دليل تطبيقي من خلال مناظرة بين آدم والملائكة لتدرك أن آدم جدير بالخلافة علي الأرض هذا الحوار الذي تم في الملأ الأعلى ماذا نتعلم منه ؟ ماذا تتعلم أيها المربي، ماذا تتعلمي أيتها المربية، هل حدثنا أنفسنا يوما ما العبرة من قصة آدم وقصة بداية البشرية التي تحدث عنها القرآن؟ ذلكم الله ربكم يعلمكم كيف تكون التربية وكيف يكون الحوار وكيف تكون المناقشة وكيف يكون الاستماع إلى وجهات النظر المختلفة دون التقليل من شأن أحد.

الله يحاور ملائكته عباده يعرض عليهم الأمر ثم يثبت لهم بالدليل القطعي ما يتميز به ذلك المخلوق الجديد عليهم من علم يعطيه صلاحية الخلافة على الأرض والتكريم من الملائكة.

بعد الحوار والنقاش والمناظرة أمرهم الله بالسجود والطاعة

(وَإِذْ قُلْنَا لِلْمَلَائِكَةِ اسْجُدُوا لِآدَمَ فَسَجَدُوا إِلَّا إِبْلِيسَ أَبَى وَاسْتَكْبَرَ وَكَانَ مِنَ الْكَافِرِينَ)[1]

في جميع الحالات كانت الملائكة ستسجد طاعة لأمر الله هي مخلوقات تفعل ما تؤمر ليس لها حرية الاختيار ومع ذلك حاورهم رب العزة

وأخبرنا ربنا بهذا الحدث لندرك و لنتعلم أهمية الحوار وفن ووسائل الأقناع في إدارة مسؤولياتنا ومهما كانت السلطة التي بين أيدينا والعلم الذي نتفوق به على من حولنا يجب أن يكون لدينا وسيلة إقناع منطقية؛ وهذا من أعظم الأدلة القرآنية علي أهمية الحوار مع أبنائنا، بل خلق حوار بيننا وبينهم والاستماع اليهم جيدا دون توجيه اتهامات لهم بالعقوق ولا توجيه الإهانة، تعامل الله عزوجل مع الملائكة هكذا وهي لا تملك حق الاعتراض فكيف بالتعامل مع الإنسان الذي من فطرته البشرية التفكير والاختيار والاعتراض والجدال (وكان الإنسان أكثر شيء جدلا)[1].

أبنائي مازالت رحلتنا في الملأ الأعلى لم تنته الملائكة تسجد طاعة لله وستكون عون لهذا الخليفة في أداء مهامه ويعترض إبليس وليكون العدو الأول للبشرية.

الخليفة لم يلتزم بأول نهي

(وَقُلْنَا يَا آدَمُ اسْكُنْ أَنتَ وَزَوْجُكَ الْجَنَّةَ وَكُلَا مِنْهَا رَغَدًا حَيْثُ شِئْتُمَا وَلَا تَقْرَبَا هَٰذِهِ الشَّجَرَةَ فَتَكُونَا مِنَ الظَّالِمِينَ)[1]

مازلنا نراقب الأحداث في الملأ الأعلى آدم لم يلتزم بأول نهي لا تقرب يا آدم أنت وزوجك تلك الشجرة؛ وكل من أي شجرة إلا شجرة واحده ابتعد عنها

أول اختبار لآدم بعد تتويجه خليفة وتكريمه أمام الملائكة ماذا حدث؟ أكل آدم وزوجته من الشجرة (فَأَزَلَّهُمَا الشَّيْطَانُ)[2]

آدم يقع في الخطأ ويعصي ربه مع أول نهي بعد تتويجه خليفة تبدأ الآيات إني جاعل في الأرض خليفة تنتهي الآيات بخروج آدم من الجنة ما الحكمة وما العبرة من ذلك؟ رأينا من خلال رحلتنا التأملية تلك المشاهد تتويج آدم، والسجود لآدم، ودخول آدم الجنة، ومعصية آدم، وخروج آدم من الجنة. كثيراً ما استوقفتني تلك الآيات أتأملها وأتأمل الحكمة منها قال -تعالى-: (فَاقْصُصِ الْقَصَصَ لَعَلَّهُمْ يَتَفَكَّرُونَ)[176][3]

---

[1] سورة البقرة الآية:35
[2] سورة البقرة الآية:36
[3] سورة الأعراف

لنتأمل معا ونتفكر سوياً

تم تتويج آدم عليه السلام خليفة لتعمير الأرض هو وذريته، وخُلق آدم منذ البداية لخلافة الأرض لا للمكوث في الجنة لم يقل رب العزة إني جاعل في الجنة خليفة، بل في الأرض خليفة، آدم مخلوق لا ينتمي للملائكة المعصومة من الخطأ هو كائن بشري له غرائزه البشرية يأكل ويشرب ويتزوج ويخطئ؛ فآدم مخلوق خطَّاء وتوَّاب في نفس الوقت وهذا لا يعيبه؛ تلك صفاته البشرية التي جبله الله عليها وهذه صفات البشرية جمعاء.

لكي يهبط آدم إلى الأرض يجب أن يتعلم يجب أن يتدرب تدريب عملي ليحصل على بعض الدروس، حتى لو كانت تلك الدروس قاسية فالأخطاء تكمن فيها دروس عظيمة للحياة، تَلَقى آدم وحواء الأمر الأول لا تقربا هذه الشجرة فلم يلتزما بأمر ربهما هو أول نهي ينهاهما الله عنه وأول خطأ يقعا فيه وعندما وقعا آدم وحواء في الخطأ ماذا حدث؟ علما كيف يكون الخطأ وهي تجربتهم الأولى وعلما أن هناك نتيجة لتلك للأخطاء وهي أيضا تجربتهما الأولى.

(فَلَمَّا ذَاقَا الشَّجَرَةَ بَدَتْ لَهُمَا سَوْآتُهُمَا وَطَفِقَا يَخْصِفَانِ عَلَيْهِمَا مِن وَرَقِ الْجَنَّةِۖ وَنَادَاهُمَا رَبُّهُمَا أَلَمْ أَنْهَكُمَا عَن تِلْكُمَا الشَّجَرَةِ وَأَقُل لَّكُمَا إِنَّ الشَّيْطَانَ لَكُمَا عَدُوٌّ مُّبِينٌ)[1] الدرس الذي لن ينساه آدم.

* أدرك آدم عِظم المعصية وكيف يكون الخطأ

* أدرك من تلك الخطيئة من عدوه وكيف يجب التعامل مع إغوائه

* علم أن الذنب يجب أن تكون له توبة فيجب أن يتعلم كيف يتوب؟ وكيف تكون العودة إلي الله؟ فتلقى آدم من ربه كلمات فتاب عليه إنه هو التواب الرحيم.

الآن أصبح آدم مهيأ ومستعد للهبوط إلى الأرض أبنائي أحباب قلبي

علمني ربي

لنهبط برحلتنا التدبرية التأملية إلى عالمنا الأرضي؛ وقد تعلمنا نحن أيضاً الدرس (ذلكم الله ربكم خالق كل شيء لا إله إلا هو)[1] هو الذي يعلمنا ويوجهنا ويرشدنا ويصحح لنا مفاهيمنا الخاطئة، الخطأ هو صفة بشريه أصيلة في طباع الإنسان. عندما يخطئ ابني

لا انظر إلى وضعي ومكانتي بين الناس لا أعنف ابني على خطأ اقترفه لأنه سبب لي العار وشماتة الأعداء، عصي آدم ربه بعد أن كرمه الله على الملائكة وأسكنه الجنة، ولكن رب العزة علمه كيف يكون هو ملجأه فاحتواه رغم مخالفة آدم أمر ربه وتاب الله عليه وعلمه كيف يعود ووعده أنه كلما عاد سيجده سبحانه وتعالي رحمن رحيم.

إن أبنائنا هم قطعة منا هل أعطيناهم الأمان لنكون ملجأهم الآمن، إن احتواء الأبناء في وقت أزماتهم و محنهم وزلاتهم هم أحوج ما يكونوا إليه من هذا الاهتمام والتقدير في تقدمهم ونجاحاتهم ففي تقدمهم هناك الكثير من سيقف بجانبهم ويهتم لأمرهم أما في وقت الشدة وخاصة وقت السقوط والضعف النفسي هذا هو وقت الاحتواء الحقيقي ؛لا وقت التوبيخ والتعنيف بل هي فرصتنا لاستعادة أبنائنا وعودتهم لأحضاننا لنكن الملجأ والسكن ومصدر الأمان لنستوعبهم

ونعيش آلامهم بقدر عقولهم حتي نشعر بهم ثم نأخذ بأيديهم إلي بر الأمان ابني هو أمانتي التي استرعاني ربي عليها فلتذهب نظرات المجتمع ونظرات الشامتين إلي ما تذهب هو ابني أنا، هي ابنتي أنا، وسأقف سند لهما حتي أعيد تصحيح مسارهما إلي الطريق الصحيح بقدر ما أستطيع وان لم أستطع سأعطيهما الأمان حتي يعودوا إلي أحضاني وقتما يشاؤون وسأعلنها أنا دائما أفتح لكم ذراعي وسأبسط لكم كفي ولن أقبضها أمامكم حتي يتوفاني الله.

وهكذا علمني ربي خالق السماوات والأرض ومن فيهن علمني ربي أن بابه مفتوح لعباده يقبلهم بل يباهي بهم الملائكة عندما يعودون من تيههم وزلاتهم لم يخجل منهم ولم يغلق بابه سبحانه في وجه عبد من عباده وهو السيد (وَهُوَ اللَّهُ فِي السَّمَاوَاتِ وَفِي الْأَرْضِ ۖ يَعْلَمُ سِرَّكُمْ وَجَهْرَكُمْ وَيَعْلَمُ مَا تَكْسِبُونَ)[1] فالحمد لله رب العلمين.

أجمل صناعة في الحياة صناعة الأبناء

﴿وَلِتُصْنَعَ عَلَى عَيْنِي﴾

الرحلة الثانية

رحلتنا الثانية عبر الزمان والمكان تلك الرحلة الربانية في كتاب الله، و التي نتوقف من خلالها علي أهم المواقف التربوية في صنيعة موسي عليه السلام؛ لنتناولها برؤيتها البعيدة وسوف نجتهد معا علي ألا نغادر من كل ميدان يستوقفنا من تلك المواقف إلا وقد أخذنا العبرة وتعلمنا الحكمة وناقشنا الفكرة هي ليست قصة نرويها بل مواقف نرتوي بعذب ما فيها من مفاهيم صناعة الأبناء وكيف تكون الرعاية وكيف تكون الحماية و كيف يكون التوجيه وكيف تكون المعية التي تمنح الأبناء الدعم و الأمان النفسي لتتم صناعتهم على أعيننا بالوجه الذي يرضى الله به عنا.

(وَلِتُصْنَعَ عَلَى عَيْنِي)[1] قول الطاهر بن عاشور في التحرير والتنوير: "وَالصُّنْعُ: مُسْتَعَارٌ لِلتَّرْبِيَةِ وَالتَّنْمِيَةِ، تَشْبِيهًا لِذَلِكَ بِصُنْعِ شَيْءٍ مَصْنُوعٍ، وَمِنْهُ يُقَالُ لِمَنْ أَنْعَمَ عَلَيْهِ أَحَدٌ نِعْمَةً عَظِيمَةً: هُوَ صَنِيعَةُ فُلَانٍ"؛ ا. هـ.

﴿وَلِتُصْنَعَ عَلَى عَيْنِي﴾[2]؛ أي: برعايتي، وبكلاءتي، وبحفظي لك، فقد حفظه الله ورباه.

---

[1] سورة طه: 39
[2] سورة طه: 39

أجمل وأعظم تربية صناعة الأبناء

كيف كانت صناعة الله عزوجل لموسى عليه السلام منذ الصغر؟

**(وَأَلْقَيْتُ عَلَيْكَ مَحَبَّةً مِنِّي) [1]

كل من رآك أحبّك يا موسي، وقد ألقى الله على موسى محبة عظيمة كائنة منه عز وجل في قلوب عباده، فلا يراه أحد إلا أحبه، تولي الله حفظه ورعايته وألقي عليه محبته فأحبته زوجة فرعون وأحبه الجنود وعاش بين أعداءه يتنعم برعاية صنعها الله عز وجل، وذلك عد الله لأم موسي (ولا تَخَافِي وَلَا تَحْزَنِي ۖ إِنَّا رَادُّوهُ إِلَيْكِ وَجَاعِلُوهُ مِنَ الْمُرْسَلِينَ) [2] فتولي رعايته صغيرا وشابا حتى أعده إعداد جيدا ليكون نبيًا ورسولا (ولما بلغ أشده واستوى آتيناه حكما وعلما وكذلك نجزي المحسنين) [3] بلغ موسي أشده وأتاه الله العلم والحكمة وبدأت رحلة مواجهة الحياة.

أحيطوا أبنائكم بهالة من المحبة

علمني ربي أن الأمان والسلام والرعاية النفسية والقبول للأبناء أن يحاط بهالة من المحبة ولا يشترط أن يصنعها الأبناء أنفسهم أو يشاركوا في

صنعها، بل سنصنعها نحن لهم مثل المحبة التي وهبها الله عز وجل لموسى عليه السلام، فكيف أمنحها لأبنائي منذ الصغر ستسألني ابنتي وابني ألسنا بفطرتنا نحبهم؟ نعم أبنائي أعلم ولكن أعلنوا محبتكم لأبنائكم منذ الصغر حبب الله عزوجل موسي لكل من يراه وهو صغير (وَأَلْقَيْتُ عَلَيْكَ مَحَبَّةً مِّنِّي)[1]

هل نستطيع أن نلقي محبتنا على أبنائنا؟ نعم نستطيع بإعلان محبتنا لهم والدعاء لهم، لا تشكوهم لأحد اصنعوا محبتهم في قلوب الآخرين استروا عليهم عيوبهم وأصلحوها لا تُفشوا أسرارهم لأحد تحدثوا عنهم بكل خير وإلا فاصمتوا.

لا تذكروهم بسوء أبداً لا أمامهم ولا أمام أحد، لا يوجد طفل أو فتي ليس فيه ميزة رددوا على مسامع أبنائكم حسناتهم، ما يميزهم من صفات، اثنوا عليهم بكل عمل ولو بسيط جدا، أعلنوا أنكم تحبونهم في كل وقت، تلك المحبة التي ستغرسونها وتصنعونها في قلوب المحيطين ستنعكس في التعامل معهم، وسينشأ الأبناء بهذا الدعم من المحبة ليبادلوا هذا الحب بحب، فإن أخطأ أبنائكم ساندوهم لتصحيح أخطائهم، ولا تُعَروهم أمام الآخرين بذكر عيوبهم ومساوئهم، هذه هي

المحبة التي أستطيع أن أصنعها حول أبنائي، رأيت أمهات يتحدثن عن أبنائهن بأجمل العبارات ويثنين على تصرفاتهم بأجمل العبارات، وأنا أعلم أنهن يبالغن بعض الشيء وهذا أمام الأبناء أو على مسمع منهم وبالفعل كان الأبناء يسعدن كثيرا ويجتهدوا ليكونوا على قدر ثقة الآباء.

بحكم عملي في مجال الخدمة الاجتماعية المدرسية كنت أتحاور كثيراً مع أمهات فضليات، فأجد بعض الأمهات لا تحكي لتأخذ الاستشارة بقدر ما تحكي للتنفيس عن غضبها وبعضهن لا أستطيع أن أقول عليهن إلا أنهن غير أمناء على أولادهن وأسرارهن، بل وجدت في بعضهم فاقدين الصلاحية لممارسة دور الأمومة.

لا تخونوا أمانات أولادكم وتكشفوا سترهم وأسرارهم

كانت إحدى صديقاتي تبحث عن عروس لابنها وكان حاصل على وظيفة مرموقة ومع ذلك كان يقابل بالرفض وكنت أتعجب كيف لمثل هذا الشاب أن يرفض وما كان إلا من صديقة أخرى تهمس في أذني قائلة منذ عدة سنوات وهو في الجامعة كانت والدته تشتكي منه كثير بل أساءت في الحديث عنه كثيراً حتى أصبح بعد عدة سنوات أسير وصف حديث والدته.

تذكروا أبنائي جيدا أحيطوا أبنائكم بهالة من المحبة وازرعوا الحب والود في قلوبهم وتذكروا جيداً هم وصية الله لنا وكلكم راع وكلكم مسؤول عن رعيته.

مازلنا في رحلتنا عبر مواقف التربية لصنيعة الله موسي عليه السلام، وسنخرج من كل موقف بدروس نتعلمها، ونناقشها معا؛ لنخرج بالحكمة من تلك التربية والصنيعة الربانية.

موسى وأول دروس الحياة

دخل موسى عليه السلام المدينة فوجد خلاف بين رجلين أحدهما من آل فرعون والآخر من بني إسرائيل ومن البديهي أن نحكم أن الرجل الذي من آل فرعون هو المخطئ لأن الصورة التي بنيناها في عقولنا ما يقوم به آل فرعون مع بني إسرائيل من إذلال ومهانة إذًا أي أحد منهم سوف أكون ضده دون تفكير.

أول دروس الحياة مع المجتمع الخارجي (دَخَلَ الْمَدِينَةَ عَلَى حِينِ غَفْلَةٍ مِّنْ أَهْلِهَا فَوَجَدَ فِيهَا رَجُلَيْنِ يَقْتَتِلَانِ هَٰذَا مِن شِيعَتِهِ وَهَٰذَا مِنْ عَدُوِّهِ فَاسْتَغَاثَهُ الَّذِي مِن شِيعَتِهِ عَلَى الَّذِي مِنْ عَدُوِّهِ فَوَكَزَهُ مُوسَىٰ فَقَضَىٰ عَلَيْهِ قَالَ هَٰذَا مِنْ عَمَلِ الشَّيْطَانِ إِنَّهُ عَدُوٌّ مُّضِلٌّ مُّبِينٌ)[1]

موسى لم يكن يريد قتل القبطي، ولكن وقع الأمر بالخطأ عندما حاول الدفاع عن الذي من شيعته عندما يصف القرآن الكريم هذا الشخص بكلمة من شيعته ليؤكد أن دفاع موسي عن الرجل كان بسبب عاطفة الانتماء فقط لم يتيقن أمر من الظالم أو المظلوم اندفع بعاطفة الرحمة لاستغاثة صرخة رجل من بني إسرائيل. النتيجة ندم موسى (قَالَ هَٰذَا مِنْ عَمَلِ الشَّيْطَانِ إِنَّهُ عَدُوٌّ مُّضِلٌّ مُّبِينٌ)[2] قتل الرجل دون قصد وهو

---

[1] سورة القصص:15
[2] سورة القصص:15

مازال لا يعلم أين حقيقة الموقف من ظلم من، وفي اليوم التالي يتكرر المشهد أمام موسى ليستوعب موسى الدرس جيدا ماذا حدث بعد ذلك؟

(فَأَصْبَحَ فِي الْمَدِينَةِ خَائِفًا يَتَرَقَّبُ فَإِذَا الَّذِي اسْتَنصَرَهُ بِالْأَمْسِ يَسْتَصْرِخُهُ قَالَ لَهُ مُوسَى إِنَّكَ لَغَوِيٌّ مُبِينٌ (18) فَلَمَّا أَنْ أَرَادَ أَنْ يَبْطِشَ بِالَّذِي هُوَ عَدُوٌّ لَهُمَا قَالَ يَا مُوسَى أَتُرِيدُ أَنْ تَقْتُلَنِي كَمَا قَتَلْتَ نَفْسًا بِالْأَمْسِ إِنْ تُرِيدُ إِلَّا أَنْ تَكُونَ جَبَّارًا فِي الْأَرْضِ وَمَا تُرِيدُ أَنْ تَكُونَ مِنَ الْمُصْلِحِينَ (19)) [1])

موسى يقف على الحقيقة ويستوعب الدرس

يشاهد نفس الرجل يتصارع مع قبطي آخر ويريد من موسى أن ينقذه قال له موسى إنك غوى مبين أدرك أن الرجل يفتعل المشكلات مع الآخرين ويستغل الوضع بين آل فرعون وبني إسرائيل لكسب التعاطف واستدراج موسى لهذا الأمر ولذلك يتحدث القرآن عن الرجل الذي من بني إسرائيل وموسى (فَلَمَّا أَنْ أَرَادَ أَنْ يَبْطِشَ بِالَّذِي هُوَ عَدُوٌّ لَهُمَا) وصف القرآن رجل بني إسرائيل أنه عدو لموسى والقبطي معا.

قد يكون من شيعتك، ولكن يسبب لك عداوة الآخرين وقد يكون ينتمي لمخالفيك في العقيدة أو في الرأي، ولكن لا يحمل لك أذى أو كراهية.

بالرغم من فداحة الخطأ لم يتعرض موسي للعتاب الشديد من ربه، لماذا لأن سيدنا موسي اعترف بالخطأ في أول لحظه (قَالَ رَبِّ إِنِّي ظَلَمْتُ نَفْسِي فَاغْفِرْ لِي فَغَفَرَ لَهُ ۚ إِنَّهُ هُوَ الْغَفُورُ الرَّحِيمُ)[1] أسرع موسي بالتوبة والاستجابة كانت سريعة

من نعيم القصور لأجير في مدين

تزوج موسى ابنة شعيب وكان المهر أن يقيم معه من سبع لعشر سنوات ويعمل له في رعاية غنمه، وما يحتاج إليه، عاش موسي أجير في مدين وكان هذا نوع من الإعداد حيث الحياة الشاقة بعيدًا عن رغد العيش الذي نشأ عليه فالمسئولية القادمة تحتاج زمن من التقشف وخشونة العيش رفاهية القصور لا تناسب المرحلة القادمة، فكان نوعا من تحمل المسئولية والتعايش مع ظروف الحياة القاسية ليشتد العود ويقوي، وأمام ذلك الموقف أتذكر إحدى قريباتي التي كانت تخاف جداً على ابنها الوحيد والمصاب بمرض ما وبمجرد أن أنهي امتحانات الثانوية العامة مباشرة بدأ يبحث عن عمل والتحق بأحد المحال التجارية للخضروات والفاكهة وكان شاب مرفه بعض الشيء، فتعجبت منها لماذا يعمل في مكان يتولى التنظيف والمسح وحمل أقفاص الفاكهة أعمال لا تتناسب حتي مع مظهره المرفه،ولكن كانت الإجابة كالتالي ؛أريد من ابني أن يتحمل المسئولية ويعتمد علي نفسه،ويتعرف علي المجتمع بكل ما فيه من سلبيات وإيجابيات وأنا قويه معه الآن أستطيع مساندته اذا تعرض لأمر ما،أنا أشارك في تدريبه علي الحياة القاسية بالرغم أنني أستطيع توفير الحياة الميسرة السهلة له الآن، من يدري فقد يحدث لي أمر ما فيفقدني ويفقد مساندتي ودعمي له وقتها سيكون اعتاد علي

تحمل المسئولية، وسيواصل دراسته الجامعية و سيستطيع مواصلة حياته، ويكون اعتاد علي التعامل مع ظروف الحياه، هو يعاني الآن ولكن يعلم أني بجانبه سوف أدعمه لو احتاج دعمي أنا أشجعه وأدفع به دفعا لاكتشاف المجتمع مع توجيهي ونصحي ومع الوقت سيشتد عوده ويقوي.

موسى والخوف

تناول القرآن الكريم قصة موسى علية السلام منذ كان رضيعاً وتكررت كلمة الخوف في مراحل حياته عليه السلام بشكل ملفت للانتباه كما لم تتكرر مع نبي آخر موسي صنيعة الله وكليم الله ؛ ويجب علينا أيها الأحباب ويا رفقاء الرحلة أن نفرق بين الخوف والجبن فهناك فرق كبير، ما يترتب علي الجبن والشخصية الجبانة ليس بالضرورة أن يترتب علي الخوف ؛ فالجبان لا يقدم علي عمل ينفع به أحد لا يتقدم ببدنه ليدافع عن أحد هو دائما غير مقبل هو مدبر في مواجهة المواقف ؛ أما الخوف قد يمتلك قلبك ومع ذلك تُقبل وتُقحم نفسك لتساعد أحد ما وقد لا يبدوا علي وجهك الخوف مطلقاً، وهكذا كان خوف موسى عليه السلام.

كيف تعامل الله عزوجل مع خوف موسى عليه السلام؟

مساندة موسى ليتخلص من خوفه

بعد أن قضي موسى عليه السلام في مدين عشر سنوات من العمل في الرعي والخدمة وأنهي العقد الذي بينه وبين صهره شعيب يصطحب زوجته ويتوجه قاصداً مصر وبينما هو في الطريق تاه موسى ووقف ينظر وبينما هو كذلك ءانس وأبصر من جانب الطور نورًا فحسبه نارًا. قال

تعالى: ﴿فَلَمَّا أَتَاهَا نُودِي مِن شَاطِئِ الْوَادِ الْأَيْمَنِ فِي الْبُقْعَةِ الْمُبَارَكَةِ مِنَ الشَّجَرَةِ أَن يَا مُوسَى إِنِّي أَنَا اللَّهُ رَبُّ الْعَالَمِينَ﴾[1]

فذهب موسى لمكان النور وكان اللقاء الأول مع الله ليبلغ بالرسالة التي سيحملها لأمته أمة بني إسرائيل ويسأله الله عن العصى ويطلب منه أن يلقيها على الأرض لتتحول لحية عظيمة تتحرك، هنا يخاف موسى ﴿وَأَنْ أَلْقِ عَصَاكَ فَلَمَّا رَآهَا تَهْتَزُّ كَأَنَّهَا جَانٌّ وَلَّى مُدْبِرًا وَلَمْ يُعَقِّبْ[2]

يَا مُوسَى أَقْبِلْ وَلَا تَخَفْ إِنَّكَ مِنَ الْآمِنِينَ[3]

أول مراحل العلاج من الخوف (يا موسى – أقبل -إنك من الآمنين)

لنسقط ذلك الموقف على تعاملنا مع أبنائنا ونتأمل تلك الكلمات النداء بالاسم له تأثير على النفس يا موسى، أقبل أي تعالى بجانبي، أنت في حمايتي.

عندما تلاحظ ضعف ما في شخص ابنك أو قلق متزايد ينتابه في إنجاز أموره خوفا من فشل ما وتنظر إليه بحب وتناديه وهو يقف أمامك، فأحيانا لا نحتاج ذكر الاسم نقول تعال أو اسمع ولكن أن تقول أقبل

علي يا موسى ولا تخف جرب أن تنظر في وجه ابنك المتوتر والقلق من شيء ما تعرفه أنت أو لا تعرفه وتنطق اسمه محمود تعالى لا تقلق لا تخاف أقبل علي وأنت تمد يديك إليه وتمسكها بكلتا يديك وتقول له بصوت جاد أنا في ظهرك أنت معي وسوف أحميك بني، لا تخف لا تقلق انا بجانبك بني؛ تخيل معي تأثير تلك الكلمات وهذه اللمسة الحانية من يديك ستكون سياج الأمان التي ستطوقه بها أينما ذهب.

موسى يحتاج إلى الشعور بالأمان والدعم النفسي والله يدعمه بكلماته (يَا مُوسَىٰ أَقْبِلْ وَلَا تَخَفْۖ إِنَّكَ مِنَ الْآمِنِينَ)[1] وأبنائنا أيضا يحتاجون خلال مراحل التربية ذلك الدعم لبناء شخصيات قوية، تعلموا أبنائي الله يقول يا موسى أَقْبِلْ وَلَا تَخَفْۖ إِنَّكَ مِنَ الْآمِنِين أي أنا أساندك أنا معك أنت من الْآمِنِين إنه الدعم النفسي الذي يحتاجه الطفل والمراهق والشاب والزوج.

رحلة الخوف مع نبي الله موسي طالت معه وفي كل مره يدعمه الله ويقويه ويطمئنه، بل ويحفزه بكل كلمات المساندة

أيها المربي أيتها المربية: اصبروا على أولادكم حتى يشتد العود ويقوى لا تكونوا أنتم سبب الانتكاسات النفسية لأولادكم ان كلمات الفشل

والإحباط ونظرات الدونية وعقد المقارنات بين أبناء فلان وفلان هي من تقتل بذور الثقة في النفس هي من تقتل الإبداع هي من تخلق شخصيات مريضة مهزوزة حاقدة تشعر بالدونية والنقص اصبروا على أبنائكم حتى يتخلصوا من كل الصفات التي تعوق تحقيق ذواتهم ونجاحاتهم اللاتي يرنون إليها.

يَا مُوسَى أَقْبِلْ وَلَا تَخَفْ إِنَّكَ مِنَ الْآمِنِينَ الله عزوجل يريد أن ينهي رحلة الخوف لدى سيدنا موسى رسالة واضحة قوية.

سؤال هل انتهى خوف موسى؟ لا لم ينته.

تخيل معي أيها المربي أنت قمت بتكليف مؤسسة أمنية قوية لحماية وحراسة ابنك الشاب لا أقول المراهق، بل أقول الشاب الراشد والذي أعددته إعداد جيد لتكليفه بأمر ما هل ستقبل منه أن يقول إني خائف أرسل أخي معي، ماذا سيكون ردة فعلك؟

لما أمره ربه عزوجل أن يذهب إلى فرعون طلب موسى النصرة من الله بأخيه فقال: {وَأَخِي هَارُونُ هُوَ أَفْصَحُ مِنِّي لِسَانًا فَأَرْسِلْهُ مَعِي رِدْءًا يُصَدِّقُنِي إِنِّي أَخَافُ أَنْ يُكَذِّبُونِ}[1]

موسى يستعين بأخيه والله يجعل لهما سلطانا حتى لا يصلوا إليهما

(قَالَ سَنَشُدُّ عَضُدَكَ بِأَخِيكَ وَنَجْعَلُ لَكُمَا سُلْطَانًا فَلَا يَصِلُونَ إِلَيْكُمَا بِآيَاتِنَا أَنتُمَا وَمَنِ اتَّبَعَكُمَا الغالبون)[1]

فأمره الله عز وجل وأخاه أن يذهبا إلى فرعون: {فَقُولَا لَهُ قَوْلًا لَيِّنًا لَعَلَّهُ يَتَذَكَّرُ أَوْ يَخْشَى}[2] ولكن مازال موسي خائفًا أضف على ذلك خوف أخيه هارون الذي جاء داعمًا له.

* قَالَا رَبَّنَا إِنَّنَا نَخَافُ أَنْ يَفْرُطَ عَلَيْنَا أَوْ أَنْ يَطْغَى * قَالَ لَا تَخَافَا إِنَّنِي مَعَكُمَا أَسْمَعُ وَأَرَى}[3]

كيف تخاف يا موسى بعد هذه الرسالة القوية (وَنَجْعَلُ لَكُمَا سُلْطَانًا فَلَا يَصِلُونَ إِلَيْكُمَا)[4]

مازال موسى خائف ورب العزة يدعمه، رب العزة إِنَّنِي مَعَكُمَا أَسْمَعُ وَأَرَى وبالفعل يذهب موسى وأخيه في لقاء فرعون بكل قوة، وهو فقط يحتاج الدعم من ربه الخوف الذي بداخله لم يخبر به أحد إلا ربه وتتواصل الرحلة إلى ميدان سوف تحدث فيه أعظم مناظرة في تاريخ الإنسانية

أعظم مناظرة في التاريخ

يوم الزينة اليوم الذي حدده موسى موعدًا مع فرعون والسحرة ليلتقيا فيه ويعرض كلاهما ما لديه من سحر ومعجزات فتكون الحجة للغالب فيهما على المغلوب، بحيث يقرّ المغلوب للغالب فيه بأنه على حق وأنّ الحق إلى جانبه، وقد ورد في القرآن ما يشير إلى تلك الحادثة بقوله تعالى: ﴿قَالَ مَوْعِدُكُمْ يَوْمُ الزِّينَةِ﴾[1]

يوم المواجهة يوم الزينة مواجهة بين الحق والباطل.

(يَا مُوسَىٰ إِمَّا أَن تُلْقِيَ وَإِمَّا أَن نَّكُونَ أَوَّلَ مَنْ أَلْقَىٰ (65) قَالَ بَلْ أَلْقُوا فَإِذَا حِبَالُهُمْ وَعِصِيُّهُمْ يُخَيَّلُ إِلَيْهِ مِن سِحْرِهِمْ أَنَّهَا تَسْعَىٰ (66) فَأَوْجَسَ فِي نَفْسِهِ خِيفَةً مُّوسَىٰ (67) قُلْنَا لَا تَخَفْ إِنَّكَ أَنتَ الْأَعْلَىٰ)[2] الله عز وجل يخاطب خوف موسي الذي لم يتحدث به ولم يعلنه ولكن تلك المعية تلك المسئولية التي يجب ان نتعلمها ونحن ندفع بأبنائنا نحو الفوز والفلاح.

كلمات تحفيزية أنت الأفضل أنت المنتصر أنت المستحق للفوز والنجاح أنت تستطيع أنت ستفعلها بعون الله رددوا هذه الكلمات على مسامع أبنائكم.

الله عزوجل يخبرنا أنه دعم موسى لآخر وقت لا تخف إنك أنت الأعلى منذ أول لقاء بين الله عزوجل وموسى الله عزوجل يخبر موسى أَقْبِلْ وَلَا تَخَفْ إِنَّكَ مِنَ الْآمِنِينَ ومع ذلك موسى يعلنها لله أنه خائف والله يبث إليه كل وسائل الأمان والله عز وجل لا يتهمه ولا يلومه على هذا الخوف لقد أعطاه كل ضامنات الأمان ألم يقل له إِنَّنِي مَعَكُمَا أَسْمَعُ وَأَرَى إِنَّكَ مِنَ الْآمِنِينَ

(فَلَا يَصِلُونَ إِلَيْكُمَا ۚ بِآيَاتِنَا أَنتُمَا وَمَنِ اتَّبَعَكُمَا الْغَالِبُونَ)

إِنَّنِي مَعَكُمَا أَسْمَعُ وَأَرَى

ومع ذلك أثناء المواجهة موسى ينتابه خيفة في نفسه لا يعلمها إلا الله وحده ومع ذلك الله يخبرنا بحالة سيدنا موسى النفسية، أثناء المواجهة بين أعظم مناظرة حدثت في تاريخ بني إسرائيل.

فَأَوْجَسَ فِي نَفْسِهِ خِيفَةً مُّوسَىٰ لماذا يخبرنا ربنا بهذا الأمر، قد يظن البعض ويقول هل موسى كان فيه ضعف وهل قدرته على المواجهة

ليست قوية؟ لماذا يخبرنا ربنا بمكنونات موسي الداخلية فَأَوْجَسَ في نَفْسِهِ خِيفَةً موسى إنه موسي عليه السلام صنيعة الله.

الرسالة التي يجب أن يفهمها كل مربي أن موسى رغم قوته ودعم الله له بالمساندة هو يعيش مشاعر طبيعية مثل أي إنسان يتأثر ويحزن ويخاف

على المربي أن يكون الداعم لأبنائه، المساند لهم حتى يتخلصوا من نقاط ضعفهم، قد تأخذ وقت كبير في التخلص من نقاط الضعف، والله يعلمنا كيف ندعم ونصبر مع أبنائنا ويعلمنا أن موسى عليه السلام أخذ وقت كبير ليتخلص من خوفه والله عز وجل لم ينهر موسى، ولم يعاتبه، بل أعطاه الوقت والفرص حتى تخلص موسى من هذا الخوف نهائيا.

من منا يصبر على إصلاح أبنائه ويحرص في انتقاء كلماته مع أبنائه حتى لا يجرحهم؟ من منا يتغافل عن عيوب أبنائه لا سلبية منه ولكن ليعطي فرصة لابنه فلا يعريه بل يلجأ للتغافل كنوع من التربية الموجهة؟ أعلم آباء يقتنصون الفرص ليواجهوا أبنائهم وكذلك أمهات ليظهرن لأبنائهم أنهم على قدر عالي من الفهم والذكاء فلا تدخل علينا حيلكم.

نداء لكل مربي لا تنافس أبنائك لتعلن لهم أنهم مخطئين أو فشلة أنت مربي مسئول أمام الله إن لم تكن تملك مهارة التربية فاكتفي بدور الراعي ولا تشارك في بناء شخص مشوه نتيجة أخطائك، أنت أيها المربي يجب أن تستخدم كل الحيل لاحتواء ابنك والأخذ بيده دائما حتى لو كان راشد حتى لو كان بلغ أشده ولكن يحتاج دعمك وبث الثقة والطمأنينة في نفسه تعايش مع أبنائك وعش مشاعرهم وأحاسيسهم كما يعيشوها هم لا كما تشعر بها أنت، لأنك لو عشتها كما يعيشونها ستدرك ما يعانون وستتفهم ما يمرون به من معاناة وهنا ستستطيع تقديم يد العون لهم.

موسى يتخلص من الخوف

لقد تكفل رب العزة بموسى مذ كان صغيرًا وألقي عليه محبته وقال ولتصنع على إرادتي ووكالاتي وحفظي وهكذا تمضي حياة موسى دروس وإرشادات تربوية لم نسمعها عن نبي آخر.

البحر أمامنا والعدو من ورائنا إنا لمدركون

ويواصل موسى طريق الدعوة حتى يضطر أن يخرج بقومه خوفا من فرعون، ولكن فرعون وجيشه يتبعه فيلحق بهم فيلتقي الجمعان موسى وقومه أمامهم البحر وخلفهم فرعون وجيشه؛ فتفزع بني إسرائيل من رؤية فرعون وجيشه فيقولوا لموسى إنا لمدركون أي سيلحقون بنا ويقتلوننا ماذا قال موسى بعد رحلة من رعاية الله له وإرشاده ودعمه

قَالَ كَلَّا إِنَّ مَعِيَ رَبِّي سَيَهْدِينِ [1]

موسى على يقين بحفظ الله له ومعيته سبحانه وتعالى سانده منذ البداية ولم يخذله أبداً موسى يتخلص من خوفه ويصدح بها بقوة كَلَّا إِنَّ مَعِيَ رَبِّي (فَأَوْحَيْنَا إِلَى مُوسَى أَنِ اضْرِب بِّعَصَاكَ الْبَحْرَ فَانفَلَقَ فَكَانَ كُلُّ فِرْقٍ كَالطَّوْدِ الْعَظِيمِ) [2]

أوحي الله تعالى إلى موسى أن أضرب البحر بعصاك وهذا أول أمر لاستخدام العصي بهذه الهيئة الضرب وماذا سيضرب؟ البحر! لم يفكر موسى كيف يضرب البحر بعصاه وما هي النتيجة وما سيترتب عليها.

بل نفذ موسى الأمر دون تردد ودون خوف، لماذا؟ لأن معية الله كانت هي السند والدعم مذ وقع في الخطأ الأول إنها رحلة الإعداد وبث الثقة في نفس موسي من قبل رب العزة هي التي جاءت بهذه النتيجة، فيعلن موسى أمام قومه بقوة (كلا إن معي ربي) وينشق البحر ليعبر موسى وقومة ويحاول فرعون اللحاق بهم فيهلكهم الله ويري موسي وقومه هلاك فرعون بأعينهم، ومضي عليه السلام يستكمل دعوته إلي الله ولم نعد نقرأ في بقية قصة موسي عن كلمة الخوف ولم يذكرها لنا القرآن.

موسى تخلص من خوفه تمت صناعة موسي وإعداده لرحلة طويلة شاقة سوف تكون المرحلة الأولى منها هي الأسهل والأيسر على نفس موسى فالعدو كان معروف فرعون وملئه، أما بعد عبور البحر ظهرت المعاناة الأشد من داخل قوم موسى من بني جلدته فئة أصحاب الدين والعقيدة المزيفة.

الرحلة الثالثة أعظم مُرَبٍ في التاريخ

أعظم مربي في التاريخ من سيرة المصطفى صلي الله عليه وسلم سنري كيف كان يتعامل مع صحابته في إدارة الأزمات الإنسانية؟ كيف كان يعالج النفوس التي يعتريها عارض من علة ما؟ كيف كان يزن صحابته بميزان من الذهب؟ إنها التربية المحمدية التي تعج بها كتب السيرة النبوية، والتي لو أدينا ما لها من حق علينا من فهم عميق ودراسة متأنية لأصبح لنا الريادة أمام العالم في تربية الأجيال.

هي رحلة من نوع آخر سنبحر بعقولنا معا عبر الزمان والمكان إلى مسجد رسول الله صلي الله عليه وسلم، حيث الصحابة حول نبيهم في مجلس سيد البشرية معلمها وقائدها يتدارسون ويتفقهون في أمور دينهم ودنياهم، كبار الصحابة وشبابها وصغارها يترددون على مجلس النبي؛ ليرتوا من علمه ويتأدبوا بأدبه ويتخلقوا بأخلاقه صلي الله عليه وسلم.

وبينما هم كذلك إذا بشاب في ريعان شبابه يحدثنا عنه أبي أمامه رضي يقول سيدنا أبو أمامه: إن فتى شابا أتى النبي صلى الله عليه وسلم فقال: يا رسول الله، ائذن لي بالزنا، فأقبل القوم عليه فزجروه، وأمروه أن يسكت، ولكن النبي صلي الله عليه وسلم طلب من الصحابة أن يتركوه وطلب من الشاب أن يقترب منه.

أبنائي وأحباب قلبي لقد كان لهذا الحديث أثر كبير في نفسي حيث تخيلت حال الشاب الحائر التائه يبحث عن رسول الله ليخرج ما في صدره من معاناة ولم يجد غير الرسول الكريم يا الله هكذا كانت العلاقة القوية بين شباب الأمة وقائدهم وذهبت بخيالي مع هذا الشاب وقد ضاقت عليه سبل الراحة والاطمئنان والهدوء النفسي وذلك الصراع الذي يدور بين التعقل وهوى النفس.

يصارع دوافعه وغرائزه؛ محاولا تهذيبها ولكنه الضعف الإنساني، والوهن عندما تتملك الدنيا من الإنسان.

حديث نفسه له مرارة؛ فكيف التعبير عن مكنوناته التي تدعوه إلى الرذيلة والفاحشة.

هل سيجد من يرفق به ويعينه على نفسه؟

هل سيجد من يتفهم حالته النفسية؟

هل سيجد من يستمع إليه؟

من سيمد له يد العون في معصية يشتهيها ويرغب فيها؟

ما أصعبها وحشة تملأ القلب ويضيق بها الصدر ونفس تائهة بين الخطأ والصواب.

وأمام هذا الصراع الداخلي، والرغبات الدفينة التي تنهش من قوته، وتضعف من عزيمته، تأخذه خطواته إلى مجلس سيد هذه الأمة وزعيمها وقائدها ومن له غيره صلي الله عليه وسلم قال تعالي :(لَقَدْ جَاءَكُمْ رَسُولٌ مِّنْ أَنفُسِكُمْ عَزِيزٌ عَلَيْهِ مَا عَنِتُّمْ حَرِيصٌ عَلَيْكُم بِالْمُؤْمِنِينَ رَءُوفٌ رَّحِيمٌ)[1]

ما يخجل أن يتحدث به مع نفسه سوف يبوح به بين يدي سيد هذه البشرية.

ائذن لي بالزنا يا رسول الله

انتفض من كانوا حول الرسول من الصحابة وهموا أن يزجروه ولكن الرسول طلب من الشاب أن يدنو منه وقربه من مجلسه.

وهنا تتجلى رؤية النبي (صلى الله عليه وسلم) وفقهه في معاملة النفوس وحكمته في تربيتها ورفقه في إصلاحها وعلاج ما بها من خلل.

وكأني أرى وجهه الكريم يتأمل الشاب ثم يضرب على أعمق وتر نشأ عليه من نعومة أظافره النزعة القبلية النخوة والغيرة على عرضه.

(مدخل آخر للإقناع تعلموا أيها الآباء كلمة حرام وحلال ليست دائما المدخل الصحيح لحل مشكلات الشباب.)

ثم قال المصطفى صلى الله عليه وسلم بصوت هادئ يحمل كل معاني التفهم لهذه الحالة ويحمل في رنته نداء المنطق والعقل من خلال حوارٍ راقٍ:

أتحبه لأمك

وكأنني أرى الشاب ينتفض وهو يقول لا والله جعلني الله فداك؛ فيأتي الرد ولا الناس يحبونه لأمهاتهم

أتحبه لأختك

وظل الرسول (ص) يضرب على وتر لمس تأثيره العنيف على نفس الشاب والشاب يرفض محبة هذه المعصية لأحد من أهله.

نعم النزعة القبلية الندم والغيرة على العرض نعم لمس المصطفى صلى الله عليه وسلم بكلماته شغاف قلب الشاب.

أصاب الهدف بكلمات عقلانية تهتز لها المشاعر، ثم بالعاطفة واللمسة الحانية يضع يده الشريفة على قلبه، لمسة حب وحنان تذيب القلب،

وتحرك المشاعر، ثم يدعو له اللهم اغفر ذنبه وطهر قلبه وحصن فرجه.

إنه القلب الرحيم الذي أدرك أن ذلك الشاب ما جاء يطلب رخصة لمعصية، ولكنه نداء استغاثة؛ أن أغثني يا رسول الله من نفسي وهوايا وشيطاني.

فكان الحوار الراقي؛ من مخاطبة العقل، ثم المشاعر والعواطف، من خلال لمسة حانية ودعاء يؤثر في النفس البشرية.

فما بالك أن يخرج من هذا الدعاء من أطهر فم على وجه الأرض

الفهم لما يعانيه ذلك الشاب، وإدراك حالته واستخدام المنطق والعقل والنزعة التي تؤثر فيه ثم العاطفة واللمسة الحنونة ثم الاستقواء بالله.

أحييت قلبه يا رسول الله؛ فقوية عزيمة الشاب وهدأت نفسه وازدادت ثقته في قدراته على مواجهة ما هو فيه وأدرك الشاب أن عليه أن يثبت أنه أهل لهذه المحبة والثقة والتقدير من زعيم أمة واستقوى بكل ما لديه من طاقة. فلم يكن شيء أبغض إليه من الزنا[1]

---

[1] عن أبي أمامة رضي الله عنه قال: إن فتى شابا أتى النبي صلى الله عليه وسلم فقال: يا رسول الله، ائذن لي بالزنا، فأقبل القوم عليه فزجروه، قالوا: مه مه، فقال: (ادنه) فدنا منه قريباً قال: فجلس قال: (أتحبه لأمك؟) قال: لا والله جعلني الله فداءك، قال: (ولا الناس يحبونه لأمهاتهم) قال: (أفتحبه لابنتك؟) قال: لا والله يا رسول الله جعلني الله فداءك، قال: (ولا الناس يحبونه لبناتهم) قال: (أفتحبه لأختك؟) قال: لا والله جعلني الله فداءك، قال: (ولا الناس يحبونه لأخواتهم) قال: (أفتحبه لعمتك؟) قال: لا والله جعلني الله فداءك، قال: (ولا الناس يحبونه

الرحلة الرابعة مع حاطب بن أبي بلتعة

لعماتهم) قال: (أفتحبه لخالتك؟) قال: لا والله جعلني الله فداءك، قال: (ولا الناس يحبونه لخالاتهم) قال: فوضع يده عليه وقال: (اللهم اغفر ذنبه، وطهر قلبه، وحصن فرجه) فلم يكن بعد ذلك الفتى يلتفت إلى شيء [رواه أحمد

وها نحن أبنائي نواصل رحلتنا التالية مع حاطب بن أبي بلتعة، ولحاطب قصة في فتح مكة حيث أرسل رسالة إلى مشركي مكة يُخبرهم فيها أن رسول الله قد جهَّز جيشًا لفتحها، مخالفًا بذلك أوامر القائد الأعلى للمسلمين رسول الله -صلى الله عليه وسلم-، ومُعرِّضًا جيش المسلمين لخطر عظيم، ويعتبر القتل هنا عقاب مقبول جدًّا مهما كانت ملابسات الحدث.

أما رسولنا الكريم كانت له رؤية أخري لصحابته كان يراهم بعين قلبه صلي الله عليه وسلم فإلى مجلس المصطفي لنري ونسمع ونتعلم ونتربى بين يديه صلي الله عليه وسلم.

حاطب بن أبي بلتعة صحابي جليل شهد بدر؛ وما أدراك ما بدر، وشهد الحديبية بيعة الرضوان، بل شهد الغزوات كلها. شهد قصة الإيمان الوليد، وهي تولد على أرض جدباء، بل وشارك في إحيائها مع صفوت الأخيار من صحابة رسول الله حيث عاشوا معا أولي هذه اللحظات لهذا الميلاد وباعوا الدنيا وأقبلوا على الآخرة بقلوبهم نعم إنها قصة الأيمان الذي خرّج إلي النور في بدر والحديبية.

بدر قال الله تعالي: (اذ يوحي ربك إلى الملائكة أني معكم فثبتوا الذين آمنوا)[1]

شهد الله لهم بالإيمان ونالوا رضي الرحمن في الحديبية (لقد رضي الله عن المؤمنين إذ يبايعونك تحت الشجرة)[1] ومازالت قصة الإيمان الوليد في أطوارها المختلفة، تمر بعقبات ومنعطفات، وتأتي البشرى من الله بفتح مكة؛ فيختص الرسول صلي الله عليه وسلم بسرية الأمر قلة قليلة من صحابته منهم سيدنا حاطب بن أبي بلتعة، ويخرج سيدنا حاطب من مجلس الرسول (ص) يحمل سرية الأمر بين ضلوعه ويمشي في طرقات المدينة و قد تملكته الحيرة يحدث نفسة وما أدراك عن حديث النفس في لحظات الضعف، تتراءى أمام عينية صورة الأهل والأولاد الذين ما زالوا في مكة بين مشركين قريش ؛ فيأخذه الحنين والشوق ماذا لو علمت قريش بقدوم جيش المسلمين ماذا سيكون مصير أهلي وأولادي نعم كان يعيش في مكة ولكن ليس له قبيلة أو عشيرة يأمن بها علي أهله وأولاده تصورات وخيالات تستطير على القلوب وتفزعها الوساوس.

ذهب بقلبة بعيداً بعيداً عن قبلته الحقيقية توقف الزمان في عقله وهبطت كفة الإيمان لتعلو كفة أخري مليئة باليأس والأحزان، لحظات ضعف انقطع فيها عن عالمه العلوي وهبط إلى الدنيا بدونيتها وأنانيتها وأرسل إلى قريش بخطاب يخبرهم بأمر قدوم الجيش، سقطة نعم

سقطة إنسانية عندما يهبط الإنسان بإنسانيته ولا يرى إلا نفسه ثم عادت دورت الزمان والوقت في عقله وقلبه من جديد فاستيقظ من غفلته وعادت له بصيرته، ولكن للأسف الزمان توقف في عقله وقلبه هو فقط؛ فالزمان لا يتوقف عند أحد ولا لأحد. وجد نفسه في مجلس الرسول وقد افتضح أمره من فوق سبع سموات؛ بوحي من الله جاء به جبريل يخبر الرسول بأمر الرسالة والمرأة التي تحملها إلي كفار قريش وبسرعة فائقة الزبير وعمر بن الخطاب يلحقا بالمرأة في الطريق، ويأتيا بالرسالة إلي مجلس الرسول، وها هو حاطب يقف بين يدي الرسول.

وكأني أراه أمام عيني يقف أمام الرسول يموت في كل لحظة مئة مرة خجلا مما هو فيه، وعمر الفاروق يده على غمده وثورة من الغضب في داخلة تكاد تحرق من يقترب منه؛ ولكنه في مجلس الرسول يكتم مشاعره بكل ما أوتي من قوة الكل صامت حزين يترقبون القول الفصل من زعيم الأمة وقائدها، يعتريهم الغضب والحزن والحيرة يتخيلون ويتصورن الحكم علي هذا الخائن هل سيقتل أو يرجم، إنها خيانة عظمي لقد خان الله والرسول وأصحابه والجيش الذي مازال في بكورته. وهنا يعلو صوت الرسول صلي الله عليه وسلم ليقطع هذا الصمت وكأنه آتي من مكان بعيد يقطع الصمت الموجع فينتقل بالصحابة من عالم الخيالات والتوقعات إلى عالمه الإنساني صلي الله عليه وسلم

فيقول: ما حملك على هذا يا حاطب؟ وكأنها بالصاعقة على رؤوس الصحابة ما حملك على هذا! وكأني بصوت الرسول الحزين يستجدي صاحبة أن استبرئ يا حاطب لذنبك ادفع عنك شبهة النفاق والكفر نظرات الصحابة تقول في صمت كيف يا رسول الله أتعطيه فرصة للدفاع عن نفسه الخبر جاء من فوق سبع سماوات وتسأله ما حملك على هذا! ولكن حاطب بن أبي بلتعة أدرك ما يرنو إليه الرسول صلى الله عليه وسلم وما الأمر الذي يشير إليه قال حاطب: لا تعجل علي يا رسول الله والله إني لمؤمن والله إني لمؤمن بالله ورسوله ما غيرت وما بدلت. وكأني بالرسول صلي الله عليه وسلم يتنهد بارتياح عميق نعم إنها قصة الإيمان التي بدأت ببدر وتوثقت في الحديبية وما زالت تقوي وتتوثق عروتها إلى يومنا هذا.

لقد كانت قضية الإيمان أولى اهتماماتك يا رسول الله والتي أردتها أن تصل الي مسامع الصحابة أخاكم ما زال على الإيمان، ويواصل حاطب حديثة للرسول إنه الخوف يا رسول الله الخوف على الأهل والأولاد عمر يستمع وهو غاضب دعني يا رسول فلأضرين عنقه وهنا يأتي صوت الرسول صلى الله عليه وسلم يلجم جميع الأصوات موجها حديثه للصحابة بكلمات تذكرهم بقصة الأيمان الوليد قائلا إنه شهد بدر وما يدريكم لعل الله اطلع على أهل بدر وقال اعملوا ما شئتم قد غفرت

لكم، بدر بدر تقع الكلمات على آذانهم فتعيها قلوبهم إنها بدر وما أدراكم ما بدر فتتراءى المواقف الإيمانية يوم بدر وتهب الذكريات برياح بدر محملة برائحة المسك الفواح بدر يوم التقت الملائكة واصطفت تقاتل بجانب المؤمنين في أول معركة في تاريخ الإسلام يوم شهدت السماوات والأرض بشرية الملائكة وهي تقاتل وملائكة البشرية وهي ترفع لواء الحق، بدر قصة ميلاد أمة جمعت القلوب المؤمنة ذكريات وحنين والحب في الله الذي ختم بختم إلهي {لَوْ أَنْفَقْتَ مَا فِي الْأَرْضِ جَمِيعًا أَلَّفْتَ بَيْنَ قُلُوبِهِمْ وَلَكِنَّ اللَّهَ أَلَّفَ بَيْنَهُمْ}[1]

فدمعت عيون الصحابة ودمعت عيون عمر رضي الله عنه وقال الرسول لا تقول له إلا خيرا (أي لا تعاتبوه ولا تذكروا تلك الحادثة أمامه مرة أخرى)

هكذا تعامل القائد والنبي والرسول والمربي مع صحابي وقع في بئر الخيانة علمتني يا سيدي و يا حبيبي يا رسول الله أن الخطأ يأتي بغفلة من صاحبة والإيمان يزيد وينقص وحتي الكبائر لا تسلخ الإيمان عن صاحبها فعلينا أن ننظر الي صاحب الخطأ نظرة متكاملة ولا تُنسينا خطيئة اليوم ما كان له من ماض عامر بالأعمال الصالحة فالإيمان كما

قلنا يزيد وينقص فهذه القلة القليلة الباقية من الإيمان هي التي تتسلط علي قلب المخطئ فتنغص علية متعة الحياة وتُكدر عليه أوقات الراحة ولا تتركه حتي يستيقظ من غفلته ذلك الإيمان الذي ينهض بصاحبة ويدفعه دفعاً إلى إصلاح اعوجاج نفسه ولا يتركه إلا و قد أستفاق من غفلته ونهض بإنسانيته.

أبنائي الطريق من هنا

أبنائي الطريق من هنا

أولادي وأحباب قلبي: نحن كآباء استقبلناكم في هذه الدنيا ولنا آمال عظيمة في تنشئتكم، وغايات سامية نحوكم، ولكن كما قلت لكم من قبل لم يكن لدينا الكثير من المفاهيم والإعداد الجيد لتحقيق كل ما كنا نتمناه معكم، لا يوجد أبوين إلا ويتمنوا لأبنائهم التميز والنجاح، ويتمنوا أن يقدموا لأبنائهم كل أنواع الهناء والسعادة على طبق من فضة.

إن الأمنيات بكل ما تطيب به الحياة للأبناء تملء قلوب الآباء بصدق؛ ولكن للأسف، الذي يسعي لتحقيق ذلك قلة قليلة والباقي يدور في رحى الأمنيات لا يتجاوزها، أحباب قلبي إن صفة الصلاح في الأبناء غاية يسعي إليه المربين فصلاح الأبناء بحفظهم القرآن وارتياد المساجد مدعاة للفخر بهم والتباهي بهم والأبناء يعلمون ذلك ويدركونه جيداً.

ولدي الحبيب وابنتي الحبيبة ويا زهور ورياحين هذه الأمة إليكم هذه التوصيات والتي خرجت من تجارب حياتية عاصرتها لمدة خمسة وعشرون عام بين أطفال ومراهقين وآباء وأمهات تعاملت معهم واستمعت إليهم وبعض التجارب التي حصلت عليها من الحياة بشكل عام تجارب رأيتها بأم عيني داعية من الله عز وجل أن تكون دروس وعبرة تستعينوا بها خلال مسيرتكم الحياتية.

أولا ليكن الهدف الأول في تربيتكم لأبنائكم شخصية قوية

لنقف أبنائي الأحباء على حقيقة علمية، أن الأطفال يولدون بالفطرة لديهم كل مقومات الشخصية القوية، فطرتهم التي فطرهم الله عليها؛ ويأتي دور الوالدين الإيجابي لينهض بتلك المقومات؛ لتظهر على السطح أو يأتي الدور السلبي ليحدث بها انتكاسة؛ فلا تقم لها قائمة. فتلك المقومات الفطرية تعتمد بقدر كبير على وسائل الوالدين في التعامل، وفي التربية، وفي التوجيه، وتعتمد بقدر كبير على فهم المربين، ووعيهم لتأثير تلك الوسائل على الأبناء.

الغاية أبدا لا تبرر الوسيلة

استعمال وسائل تهدم شخصية الطفل أو تؤذيه لم يكن أبداً مبرراً للوصول لغاية سامية؛ حتى لوكان حفظ كتاب الله، إن العنف مع الأبناء والقسوة والضغط عليهم بكل الوسائل والتي مع الوقت تقودنا لبناء شخصية مشوهه تظل كامنة أحيانا إلى أن يصل لسن الثامنة عشر فتكون الطامة الكبرى ونحن نكتشف صنيعتنا (تلك بضاعتكم ردت إليكم)

أبنائي قبل أي شيء لتكن الغاية الاسمي عندك بناء الأساس للوصول الى أحلامك مع أبنائك بناء شخصية قوية، كثيراً ما يظن الآباء أن لكي ينشأ الطفل نشأة صحيحة لا بد من تحفيظ القرآن بأي وسيلة وبأي

آلية المهم يتم الحفظ ولا بد أن يصلي الصلوات الخمس في المسجد مهما كانت الظروف وتبدأ رحلة تنشئة الطفل بالتصور الذي رسمناه حافظاً لكتاب الله ومحافظاً على الصلاة في المسجد أو متفوق دراسياً بأي طريقة وبأي أسلوب لا يهتم كثيرا من الآباء بالوسائل المهم الوصول للغاية المنشودة التميز والتفوق الدراسي أضف حفظ القرآن والالتزام بالمسجد، فتأتي النتائج الأولية بنسبة كبيرة مرضية لكثير من الأبناء لمرحلة معينه من العمر ثم تأتي نتائج أخري تظهر في مرحلة المراهقة المتوسطة والمتأخرة للأبناء الذين تعرضوا لوسائل خاطئة لتحقيق تلك الغاية التي يسعي إليها ويحلم بها آباء كثيرون وهذه أحلام سامية لا ننكرها، ولكن ننكر تلك الوسائل الخاطئة والتي بتلك الممارسات نجد أنفسنا أمام وجه آخر للأبناء، تمرد، ورفض لكل شيء.

بل وهناك من لجأ للإلحاد، وتعيش الأسرة أزمة شديدة حول سلوكيات الأبناء غير المألوفة وتتردد كلمات عن السحر والحسد وكأننا لا نريد أن نري الحقيقة (تلك بضاعتنا ردت إلينا).

بناء الشخصية القوية: لن تستطيع أن تبني شخصية لابنك إلا بإصلاح ما لديك أنت من خلل في أسلوب التربية ومن خلال من إدراك مفاهيم التربية الصحيحة. لنأتي إلى جوهر الموضوع

بناء شخصية قوية لا تصادروا أفكار أبنائكم

افسحوا المجال لأبنائكم؛ ليخرجوا ما لديهم من أفكار، اسمعوهم جيداً وأخرجوا ما لديهم من أفكار ومعتقدات؛ حتى لو كانت مخالفة لما لدينا، حتى لو أمور في العقيدة؛ لا تصادروا آراءهم، وأفكارهم، واسمعوا، بل أنصتوا بشغف لحديثهم.

أبنائي: هل تخطى سيدنا إبراهيم الخطوط الحمراء مع ربه عندما سأله رب أرني كيف تحي الموتى؟ وان كان إبراهيم عليه السلام قد تخطي الخطوط الحمراء لماذا ذكرت في كتاب الله نتلوها ليلا ونهارا!

(وإذ قال إبراهيم رب أرني كيف تحيي الموتى قال أولم تؤمن قال بلى ولكن ليطمئن قلبي) [1] أعطاه الله إبراهيم ما أراد؛ ولكن لماذا سأله رب العزة أولم تؤمن؟ وهو أعلم بالإجابة الله عز وجل يخاطبنا نحن يقول لنا إن إبراهيم مؤمن صادق الإيمان فما الضير أن يستوثق ويعزز ويزداد برؤيته الكيفية التي يحي الله بها الموتى. فكان لك ما أردت يا إبراهيم.

(فخذ أربعة من الطير فصرهن إليك ثم اجعل على كل جبل منهن جزءا ثم ادعهن يأتينك سعيا واعلم أن الله عزيز حكيم) [2]

ما أروع الدروس التربوية في كتاب الله!، لم أجد أرق ولا أروع من هذه الحوارات الربانية بين الله وعبادة هكذا علمني ربي أن التفكير نعمة عظيمة وأن الفكرة تقوي أو تدحر بالدليل والحوار المنطقي.

علمني ربي: أن إعمال الفكر والعقل؛ هو الأصل الأصيل والثوابت التي قامت عليها عقيدتنا، تكررت كلمة يعقلون في القرآن اثنتا وعشرون مرة حسب رواية حفص سأل موسي عليه السلام أن يري ربه (قال تعالي: "قَالَ رَبِّ أَرِنِي أَنْظُرْ إِلَيْكَ) [1] هل تخطي موسي الخطوط الحمراء وهو في حضرة ربه؟ لا هل قال له أنا اصطفيتك بكلامي ألم يكفيك هذا يا موسي؟ بل تعامل مع تطلع سيدنا موسي وفضوله وحبه لرؤيته بما هو أهل له وأخبرنا عز وجل بهذا الحوار الذي دار بينهم لماذا؟ (فَاقْصُصِ الْقَصَصَ لَعَلَّهُمْ يَتَفَكَّرُونَ) [2]

الله يحاور نبي جديد العهد بالنبوة هل اكتفي بهذا وهو ربنا وخالقنا لا نملك من أمرنا شيء بل أعطاه الدليل(قال لَنْ تَرَانِي وَلَكِنِ انظُرْ إِلَى الْجَبَلِ فَإِنِ اسْتَقَرَّ مَكَانَهُ فَسَوْفَ تَرَانِي فَلَمَّا تَجَلَّى رَبُّهُ لِلْجَبَلِ جَعَلَهُ دَكًّا وَخَرَّ مُوسَىٰ صَعِقًا فَلَمَّا أَفَاقَ قَالَ سُبْحَانَكَ تُبْتُ إِلَيْكَ وَأَنَا أَوَّلُ

1 الأعراف143
2 الأعراف176

الْمُؤْمِنِينَ)[1] إن الله عز وجل عندما كرم آدم بسجود الملائكة كان التكريم من أجل ذلك العقل، وما يحمله من علم الله ؛وما أودع الله عز وجل في هذا العقل من قدرة علي الاستيعاب، وتوليد الفكرة، والقدرة علي الاكتشاف والبحث، إن كتاب الله الذي يحتوي علي سبعمائة وخمسين آية من الإعجاز العلمي ؛ مسائل هي من صميم العلم، وهذا العدد الهائل من آيات الإعجاز العلمي؛ ما جاءت إلا لأعمال الفكر والعقل، لا للقراءة فقط دون فهم وتدبر وإلا أصبحنا كالحمار يحمل أسفارا.

نحن أمة أقرأ يُعد العلم من أكثر المجالات ذكراً في القرآن الكريم، فقد ورد لفظه ومشتقاته (عَليم، علمتم، عالم، علماء، نعلم... إلخ) ثمانمائة وستاً وخمسين مرة لا تصادروا أفكار أبناءكم، بل استعدوا لها.

أبدوا إعجابكم على أي كلمات بسيطة تستحق الثناء؛ ثم حاورهم بهدوء لا تفقدوا أبنائكم وإن اشتمل حديثهم على مصائب اصبروا، ودربوا أنفسكم على الصبر؛ ما دام ولدك يجلس بين يديك يتحدث بصراحة وصدق لا تفقد الأمل وإن كان يراوغ في أمر، ازرع جذور الثقة بينك وبينه، وكن سنده وانصره.

كيف تنصره وهو مخطأ؟ انصره على نفسه، وكن سند له على ضعفه، وخذ بيده وكن صديقه الوفي، أيها المربي أنت لا تبني جسداً فقط، أنت تبني عقلاً واعياً مدركاً لما حوله جيداً، وتغذيه بالثوابت وبكل ما يؤهله من قدرات يستطيع استقبال الجديد وتنقيحه ومواجهته.

لا تصادروا أفكار أبناءكم وآراءهم، حتى لو كانت فيها شطط أو شذوذ عن المألوف لديكم، فليس لأبنائنا ذنب أنهم أصحاب عقول تفكر ونحن كآباء جمدنا عقولنا، ولم نؤهل أنفسنا بالثقافة والفكر؛ الذي نستطيع به مواجهة أي أفكار شاذة حول العقيدة أو أفكار وآراء دخيلة على مجتمعنا، كل وظيفتها أن تنال منه وتهدمه.

ليسألوا ما شاءوا؛ وما نعجز عن إجابته فهناك أهل العلم نلجأ إليهم عندما نعجز، ولا تضعوا خطوط حمراء حول أفكارهم فيكونوا فريسة سهلة لغيرهم من الشاذين فكريا.

عندما يقترب أبنائنا من الحديث في أمور العقيد بصورة لا ترضيني تتغير الملامح لدرجة أن الأبناء لا يستكملون حديثهم عن هذه الأمور خوفا منا لأنهم اقتربوا بذلك من الخطوط الحمراء التي وضعناها لهم وتدور الأفكار في عقول الأبناء؛ أفكار شاذه سمعوا عنها، معلومات مغلوطة من هنا وهناك، ولا يتعرضون لها بالمواجه لما زرعناه بداخلهم من خوف

حول هذه المنطقة المحظورة من الأفكار، ولكن ما أداركم أين ستذهب بهم هذه الأفكار اسمعوا لأبنائكم وأفكارهم وحاوروهم بهدوء ولا تصادروها.

شخصية قوية بالحب غير المشروط

إن إظهار الحب لأبنائنا في كل مناسبة؛ ذلك الحب غير المشروط بإنجازات ما أو مواقف مميزه قاموا بها، إعلان محبتي له لأنه ابني هدية الله التي منحني إياها والتي تستحق أن أشكره عليها ليلا ونهارا وأعتقد أن معظمنا للأسف لا يذكر أمام أبنائهم أنهم هدية الله.

علمني ربي أن المربي أو القائم على التربية هو من يعلن المحبة أولا هو من يبدأ بها فالله عز وجل ابتدئنا بحبه. قال تعالي (فسوف يأتي الله بقوم يحبهم ويحبونه) [1] الله أعلن محبته أولاً.

أولا نحبهم ونظهر المحبة لهم، فشعور الابن أنه مقبول محبوب يدعمه نفسياً.

تشير الآية الكريمة أن العلاقة في الأصل بين الله وعبادة مبنية على الحب لم يقل فسوف يأتي بقوم يطيعونه ويحبونه لا بل يحبهم؛ وهكذا أحبابي التربية مبنية على الحب؛ حب الوالدين لأبنائهم، وإظهار المحبة والقبول والسعادة بوجودهم. يشير موقع "جود نت" إلى حاجة الإنسان في أي عمر إلى العناق ثماني مرات يوميا على الأقل لدعم استقراراه النفسي، خاصة وأن عناق أو لمس الطفل يقلل من إحساسه

بالإجهاد، ويحسن من مزاجه بعد يوم عصيب، ولا عجب أن بعض الأطفال يحبون المعانقة طوال الوقت، فالمعانقة تؤدي إلى إفراز هرمون الأوكسيتوسين، المعروف باسم "هرمون الحب"، والذي يقلل من الاكتئاب والقلق

لقد كشفت الدراسات الحديثة أن الطفل يتفاعل مع الأحداث، ويتأثر بها وهو مازال في بطن أمه، حيث يتأثر بحالة الأم النفسية بشكل كبير، ويشعر بلمسات الأم على بطنها.

وتبين حديثاً أن حاسة السمع لدى الجنين تكون متطورة بشكلٍ جيد بفضل الله، حتى وهو ما يزال داخل الرحم، فالجنين يكون قادراً على تمييز الأصوات أو الانفعال لها، ولذلك بدأ حديثاً توجيه وتشجيع الأمهات على التواصل مع أجنتهن في خلال فترة الحمل؛ عن طريق التحدث أو الغناء أو حتى رواية القصص، فهذا مما يُفيد الجنين كثيراً بعد الولادة، ويسهل من تأقلمه وتواصله مع المحيط الجديد،

وبعد الولادة يتأثر الطفل بالأجواء المحيطة به ويشعر بالوحدة إذا دخل الحضَّانة بعد الولادة مباشرة، انظر للحضَّانات الموضوع فيها أطفال حديثي الولادة تجد الأطفال يرفعن أيديهن في حركة مع الأقدام يبحثن ذلك الحضن الذي احتواهم وكأنه يتلمس ذلك المأوي الذي كان

يحتمي به وتمر الأيام والأعوام ولا ينفصل الطفل سريعا عن أمه إلا إلى حضن آخر حضن أبية الذي تشبع بصوته كثيرا فأصبح يألفه ذلك الأمان والحب الذي يحتاجه الطفل منذ اللحظة الأولى من الولادة، بل منذ إتمام الشهور الأولي من الحمل. إذاً أنت تتعامل مع مخلوق يدرك جيداً ويشعر بعطائك هل يعتقد الأبوين أن هذا الاحتياج له وقت محدد وينتهي لا بل حتى يصل الرجل الي مرحلة كبيره جدا من العمر.

الشخصية القوية بالاحترام وتقدير إنسانيتهم

إن تعبيرات الوجه من غضب، أو رضا يفهمها ويدركها الأطفال، عندما يتحدث الطفل ويشارك في حديث أمامك؛ ابتسم له ابتسامة تشجيع وحب، وإذا أخطأ دون تعمد لا تصدمه بنظره قاسية، بل واصل الابتسامة ثم تجاوب معه في الحديث وشاركه بكلمات وقل هل تقصد هذا أو ذاك ليعطي توضيح لكلامه أو تصحيح، ثم أثني على شجاعته، وحواره، وأرشده لمواطن الضعف، أو الخطأ؛ بمهارة لا تسبب له الحرج. إذا تم التعامل بصورة خاطئة في توجيه الابن سيفقد القدرة على المواجهة وسيفقد الثقة في نفسه إياكم ثم إياكم وتعبيرات الوجه التي تنم عن الرفض لحديثة أو أنك مشغول أو غير مستعد لسماع حديثه هذه إهانة يشعر بها الطفل وتكون النتيجة العزوف عن الحوار والمشاركة ناهيك لو كنت تنفعل أو تقول بشكل مباشر اصمت لا تتحدث أنت تحدث ضوضاء وأمثلة تلك الكلمات القاتلة لقدرات الأطفال ومهاراتهم اللغوية.

عززوا شخصيات الأبناء باحترام مشاعرهم، ولا تجعلوا منهم مادة للسخرية أمام الأخرين عندما يحزنوا لأمر ما وهم أطفال لا تستخفوا بهم وبمشاعرهم عندما يتحدثون بحزن وتأثر عن موقف ما فنضحك أو نبتسم، لا بل يجب أن تتصنع التأثر حتى ينهي حواره ثم تظاهر أنك

تبحث عن حلول وإن كان الأمر بسيط وضحه وبسطه واضحكا معا لتخرجه من أجواء الحزن وإن كان الأمر يستحق تفاعل معه وواسيه لا تقتلوا روح الإنسانية بداخلة فيسقط عنده روح التقدير لمشاعر الآخرين.

تستحضرني قصة عصفور عُمير تعرفوا من عمير، طفل لم يتجاوز الثلاث سنوات، في يوم من الأيام زار الرسول صلى الله عليه وسلم أنس بن مالك في بيته، فرأى الرسول عُمير وفي يده طائر يشبه العصفور، فقال له: (يا أبا عمير ماذا فعل النُغير؟) يداعبه صلي الله عليه وسلم- أي طائرك الصغير- فتبسم الطفل الصغير.

وبعد أيام جاء الرسول إلى بيت أنس، وسأل كعادته عن عُمير تخيل زعيم وقائد أمة يهتم لأمر طفل؛ لم يتجاوز الثلاث سنوات فأجابه أنس، أن عصفوره قد مات، وأنه حزين جدًا لموته، فأقبل الرسول مسرعًا إلى الصبي الصغير، وأخذ يواسيه ويخفف عنه حزنه، بعد أن رمى عُمير بنفسه في حضن الرسول (صلي) وهو يبكي ويقول: "لقد مات النُغير لقد مات". ما أروعك يا رسول الله هكذا كان يتعامل مع مشاعر الأطفال يكفي أن تشارك الطفل حزنه وفرحه حتى يثق بك، حتى لو كان ذاك الطفل لم يتجاوز الثلاث سنوات.

أتعجب كثير من موروثاتنا حول أساليب ومناهج التربية التي مارسناها ومارسها معظم الآباء من أين أتت أساليب العقاب والضرب، فتشت في حياة الرسول الكريم لم أر توجيه عنيف قام به ولا طلب من أحد أن يضرب أحد وعندما انشغل بأمر الدعوة وتغيرت معالم وجهه يوم ذهب إليه عبد الله بن أم مكتوم وهو مشغول وابن أم مكتوم أعمي لم يري وجه النبي ومع ذلك رب العزة لم يتجاوزها بل أصبح قرآن يتلو إلى يوم القيامة عتاب الله عز وجل للرسول (عَبَسَ وَتَوَلَّىٰ (1) أَن جَاءَهُ الْأَعْمَىٰ 2)[1] ويذكر القرآن الأعمى حتي يذكرنا أن عبدالله بن أم مكتوم لم يري تعبيرات وجه النبي ورغم ذلك رفضها الله، نعم هو لم يراها ولكن أحسها وشعر بها وهذا يكفي ليكون عتاب الله للرسول نتعبد به إلي يوم القيامة.

واصلت بحثي في كتاب الله لم أر الغلظة والشدة إلا مع الكفار المتعنتين الذين يؤذون المسلمين فقط وجدت في كتاب الله أرقي أساليب الحوار وأرقي أساليب الدعوة ومراعاة المشاعر والحالة النفسية تجدها في التوجيهات الربانية وتهذيب النفس المتحضر تجده في كتاب الله وفي حياة سيد البشرية.

بناء شخصية قوية انصره ظالماً أو مظلوما

امنحوا أبنائكم الثقة والدعم المتواصل، كثيراً من الأبناء لا يفضلون اللجوء للوالدين عندما يتعرضوا لمشكلة ما وأحيانا يتعرضوا لظلم كبير، ضرب أو إهانة من الرفاق، أو من أحد ما وذلك خوفا من توبيخ الوالدين وأنه سوف يتهم بجلب المشاكل وأحياناً يكون الطفل وديع جداً فيخاف أن يتهم بالطفل المشاكس ويفقد صفة المسالمة والوداعة التي يفخر بها الآباء امنح ابنك الثقة بأنك السند ولن تخذله لا تكون أيها الوالد الخلوق أنت الأداة التي تستخدم لتقسم بها ظهر ابنك، حتى لو كان طفل صغير.

من تجربتي في عملي كان حضور الآباء لمكتب التربية الاجتماعية وتفاعلهم مع مشكلات الأبناء يختلف حسب الفهم والوعي لديهم لا بالضرورة حسب مستوي تعليم الآباء.

ووقوف الطفل بجانب أبيه والحديث معه، سريعاً ما تفهم نوع العلاقة التي بينهما وعلي أي درجة هي مبنية علي أسس صحيحة وكان هذا من كثرة التعامل مع الوالدين والأبناء لفئات مختلفة من طبقات المجتمع رأيت مشهد أبهرني لدرجة أنني لم أتحدث بكلمة واحدة كان درس تربوي علمني الكثير, طفلة في التاسعة من عمرها سورية كثيراً ما تشتكي منها المعلمة لعدم أداء واجباتها بالصورة المطلوبة وطلبنا ولي الأمر

وحضر إلي المدرسة كنت قلقة جداً لأن معلمة الطفلة لها طابع الجدية الشديدة وسوف تُظهر الفتاة فاشلة بكل جدارة وكانت تلك المواقف لا أحبها لأن الطفلة سوف تكون موجودة وتسمع كل كلمة أمام والدها والمعلمة تتكلم خوفا علي مصلحة الفتاه فلا تترك كلمة في المصطلح تؤيد كلامها من كلمات الإهمال إلا وتنطق بها وبعد انتهاء (دش) المعلمة والفتاة صامته ملامحها هادئة وانا أعتصر غيظا من تلك المعلمة القاسية واذا بالوالد ينحني ويجلس علي ركبتيه ويحتضن الطفلة بين ذراعيه ويقول بابتسامة بشوشة لماذا حبيبتي لماذا تغضبي المعلمة سنحاول ونبدأ عديني.

عملت لمدة خمسة وعشرون عام لم أر أروع من هذا التعامل الراقي في حياتي قد يكون السبب أن الوالد سوري نعم كان يتعامل بذكاء شديد هو لم يعترض على حديث المعلمة التي كسرت كل مقومات الثقة بالنفس لدي الطفلة في لحظه هو ركز في كيفية أن يعيد لابنته كل سياج الأمان والثقة بذلك الاحتواء وتلك الابتسامة هو أعلنها لابنته أنا أحبك رغم كل شيء أنت ابنتي وسنحاول من جديد وسأكون معك.

انصر ابنك أمام الآخرين عندما تتيقن أنه أخطأ لا تقول له أنت لم تخطئ ولكن واجه الموقف مع ابنك بقوة لا تخطئ في حقه أمام أطراف النزاع لا تهينه ولكن عالج الأمر بحكمة المربي لا بروح الوالد الذي لا

يهتم إلا بصورته أمام الناس ؛ فتمزق روح ابنك بكلماتك وردودك وأنت لا تدري أنك لا تؤذيه فقط، بل أنت أيضاً تقتل فيه مشاعر الأبوة بداخله، كثير منا عندما يخطئ أبناؤنا نشعر بالغضب الشديد ونمقتهم في تلك اللحظات ونعلنها لهم بل وينتاب بعض الآباء هذه المشاعر لفترة طويلة اشتكت لي إحدى الأمهات أنها تعترض على تصرفات ابنتها المراهقة وإهمال الدروس وغير ذلك ثم أخبرتني أنها لا تشعر تجاهها بعاطفة قويه. وهذا أمر طبيعي مع ظروف الحياة وعدد الأبناء ينتاب بعض الوالدين هذا الإحساس خاصة في فترة المراهقة والتمرد، ولكن غير الطبيعي بالمرة أن يجهر الوالدين بهذا، هذا خطأ فادح في حق الأبناء يقول الإمام الغزالي: "الصبي أمانةٌ عند والديه" تكرار مثل هذه الكلمات مع الوقت أنت تخلق عدو لك من بين أبنائك، أنت تخلق شخصية عدوانية للأسرة كلها.

أبنائي أحباب قلبي المراهق أو الشاب ينشأ بمعتقدات متأصلة داخله بالفطرة وبالحديث عن مكانة الوالدين يعتقد أنه مهما أخطأ في حق نفسه وفي حق والديه هو ابنهم وسوف يسامحوه مهما حدث، والضربة القاضية لذلك الشاب أو الفتاة عندما يتصرف الوالدين بما يؤكد علي بغضهم لهما أبداً لن ترى فتاه سوية أو شاب سوي عاش هذا الإحساس مهما بلغ من المكانة الاجتماعية والمادية في مستقبلة سيظل هذا الجرح

ينزف بداخلة إلى أن يموت، هناك أناس سمعنا عنهم منهم فنان مشهور رفض زيارة والدته له وهو علي فراش الموت، هو لم يسامحها حتي وهو يحتضر، وقد كانت احدى الأمهات لديها ابنة أتعبتها كثيرا في عمر المراهقة وكانت الأم لديها عدد كبير من الأولاد فتوزيع الاهتمام بشكل كاف كان من الصعب، وكانت الفتاة تظهر كل معاني الرفض لأمها والأم تبذل ما تستطيع من قدرة علي العطاء وخاصة انها أرملة، وللأسف الأم كانت دائما تذكر أنها رأت رؤيا من زمن وأخبروها أنها ستلد عدو لها وتشير إلي الفتاة المشاكسة والكلام دائما يتكرر وبالفعل كانت تلك الفتاة عدوة لأمها، وعندما تتحدث معها الأم وتضع يدها علي يدها تنزع يدها بسرعة، لا تتحدثوا أمام أبنائكم بسوء عنهم قد نشارك بحديثنا وأفعالنا بخلق كراهية بيننا وبين أولادنا ونحن لا ندري، أعجبتني مقولة من كتاب مترجم (تربية الطفل من المهد إلي الرشد) تقول عندما تربي ابنك وتتولي رعايته أنت تؤدي ثلث دورك وحقه عليك، مازال أمامك أن تجعل منه إنسان صالح في المجتمع وإنسان يقدم خدمات لإصلاح هذا المجتمع للأسف نحن نقدم بأخطائنا والتي لم نقصدها نماذج مريضة نفسيا للمجتمع.

كيف أنصر ابني المظلوم

كثير ما تعرض أبنائي للظلم وكنت أخذلهم لماذا؟ دائماً كنت أراعي مشاعر الآخرين ولا أخفيكم سرا وصورتي، كنت أخاف ان أتهم أنني أثير المشكلات من أجل أولادي وأنا بطبيعتي وطبيعة زوجي لا نحب إثارة المشكلات وكثيرا كنت أتعامل مع أطفالي كأنهم كبار وأتحدث معهم يجب أن نراعي مشاعر هذا أو ذاك قد يكون متأثر نفسيا التمس الأعذار لمن تسببوا لكم بالأذى، وأنسي أنهم أطفال وغير مجبرين أن يمارسوا مهنة أخصائي اجتماعي وكانت البنات يستمعن لي جيدا، ولكن مع الوقت اكتشفت أن هذا الدور الذي أقنعتهم به لا يناسب قدراتهم، بل كان ضغط نفسي عاشوه وهم أطفال.

أبنائي تعلمن من تجربتي أن تنصر ابنك المظلوم لا تضيع حقه ولا أطلب منك أن تمشي ورائه تفتعل المشكلات، ولكن علمه كيف يواجه ويأخذ حقه ولا يضيعه وكن معه وسند له، دائما كرر على مسامع ابنك أنا معك لن أتركك. كلمات الدعم بالمعية أروع ما تكون وتعطي تأثيرا نفسيا بالقوة والقدرة على المواجهة؛ دع ابنك يأخذ موقف ممن آذاه وحافظ أنت على علاقتك بمن تريد ولكن أن يعيش الأبن وهو يشعر أنه تعرض للإهانة وضاع حقه بسبب والديه لن يغفرها لكما.

علم ابنك أنه قوي مادام يعترف بخطاه (فَوَكَزَهُ مُوسَى فَقَضَى عَلَيْهِ ۖ قَالَ هَـٰذَا مِنْ عَمَلِ الشَّيْطَانِ ۖ إِنَّهُ عَدُوٌّ مُضِلٌّ مُّبِينٌ (15) قَالَ رَبِّ إِنِّي ظَلَمْتُ نَفْسِي فَاغْفِرْ لِي فَغَفَرَ لَهُ ۚ إِنَّهُ هُوَ الْغَفُورُ الرَّحِيمُ)[1] علم ابنك ان الخطأ ليس نهاية الدنيا؛ بل بداية جديدة لأننا تعلمنا تجربة جديدة ساعده أن يتخطى أخطائه ونقاط ضعفه امنحه الفرص تلو الفرص كن كريم معه حتى ينصلح حاله.

هكذا يعاملنا ربنا في أخطأنا يعطينا فرصة تلوها فرصة حتى نعود وهو يستقبلنا في كل مرة باسط يديه لنا بكل ترحاب لم يخذلنا مهما طال البعد هو نفس الاستقبال (وهو الذي يقبل التوبة عن عباده ويعفو عن السيئات ويعلم ما تفعلون)[2].

بناء شخصية قوية امنحوهم قدر كبير من الحرية

أما عن الضوابط التي لا بد منها فليكن بينكم عقد اتفاق، بنود تضعونها مع أبنائكم وكونوا مرنين بعض الشيء وامنحوهم فرصاً إذا أخفقوا في البداية، وشجعوهم وامنحوهم امتيازات كلما تقدموا وعندما يقولون لا نريد أن نفعل اسمعوهم.

الحرية ستجعل من ابنك شخصية مسئولة يعتمد على نفسه راقب من بعيد، جدد دائما عهود الحب بينك وبين وأبنائك، قل لهم أحبكم كما أنتم فأنتم قطعة مني، وكيف ستكون الحياة من دونكم، هكذا تكون كلماتك معهم، أما الفتاة فتحتاج المزيد من كلمات الغزل من والديها.

للأسف عندما نري أبنائنا تتجلي لدينا روح الواعظ فقط وكأننا على المنابر كم مرة قبلت صغيرتك أو صغيرك دون أن تجدها فرصة للوعظ والإرشاد وشبابنا يا الله أعلم شباب تتهرب من مواجهة والديها لكثرة النصح والتوجيه والعتاب حتى أنهم يهابون الحديث معهم، امنحوهم حرية الحوار أمامكم واصبروا عليهم بل تصبروا معهم جيدا، في مرحلة عمرية ستجد أخطاء رهيبة في بعض التعبيرات ما أروعنا عندما نستمع لكلمات غير مألوفة من أبنائنا هم لا يدركون معناها أصلا؛ منا من يصرخ، ومنا تعبيرات الوجه تكفي لتفزع الأبناء، ومنا من يندفع بالكلمات القاسية؛ حتى لو كانت تلك الكلمات مقصودة، إن ردود أفعالنا كثيرا ما

تسببت في أزمات مع الأبناء، وكان من الممكن أن نتدارك الأمر بهدوء، أبنائي كيف سيتعلم الأبناء من الأخطاء ونتيجة مواقفنا وردود أفعالنا تجعلهم يتحفظون أمامنا ويجتهدوا بالظهور بالصورة التي نريد.

ثم نكتشف بعدها مصائب لا نتوقعها أو غريبة لا تصدر في مثل أعمارهم.

كنت أقوم بزيارة قريبة لي هي إنسانة على خلق وابنها طالب جامعي مهذب يصلي في المسجد فرض بفرض ولكن بأمر سلطان الأمومة حتى أنها لا تخجل أن تصرخ فيه أمامنا ليذهب إلى المسجد، نزل يوما قبل صلاة الفجر وتقابل مع بعض الشباب أعمارهم في حوالي الرابعة عشر وساروا معاً وأثناء سيريهم مروا بجانب عربة فاكهة مغطاة أمام بيت صاحبها، وما كان منهم إلا أن كشفوا العربة وأخذوا يأكلون من الفاكهة، ويقذفونها على بعضهم البعض، وعندما انتهوا ذهبوا لصلاة الفجر، طبعا الكاميرا أظهرت كل شيء وذهب البائع لوالدته كادت تصاب بجلطة ابنها عشرون عام جامعي كان في الكاميرا مثل الأطفال الطائشة يفتقد في تصرفاته حتى لنضج الأطفال.

هذه الشخصية صنيعة الأم المتسلطة التي وصلت بتربيتها لأبنها أن يقوده أطفال وكاد الأمر أن يصل للشرطة لولا رأفت البائع بحالة أمه.

أيها المربي وأيتها المربية أنت يا ولدي ويا ابنتي آباء وأمهات المستقبل: إن تشكيل الوعي والفهم لدي أبنائكم بين أيديكم أنتم ومسؤولية أمام الله سنحاسب وستحاسبون عليها يقول ﷺ: (كلكم راعٍ، وكلكم مسئولٌ عن رعيته)

بناء شخصية قوية استمتعوا بصحبتهم وإن كانوا مخطئين

نعم أيها الأبناء من أعظم الأخطاء التي يقع فيها كثير من الآباء أن يمر العمر وتنقضي الأوقات والأيام وكأنهم في عراك مع الحياة، وذلك من أجل تربية أبنائهم، رعاية الأبناء وتربيتهم ليست بالمهمة السهلة وما هو السهل في تلك الحياة أخبرنا ربنا عزوجل أن الحياة رحلة طويلة من الكد والتعب قال تعال: (يَا أيها الإنسان إِنَّكَ كَادِحٌ إِلَى رَبِّكَ كَدْحًا فَمُلَاقِيهِ)[1]

ولكن من دون الأبناء كيف ستكون الحياة وما طعم الحياة كيف ستقضين يومك مع زوجك ستتحدثين ساعتين وبعد ذلك ستكون معظم أوقاتكم بين عيادات الأطباء ومحاولات الإنجاب بوسائل مختلفة، استمتعوا بصحبة الأبناء وأنتم تعالجون المشكلات التي سببوها واعلموا وأنتم تضعون حلولا لتلك المشكلات وتتألمون من تصرفاتهم أنكم لستم آخر الآباء الذين يقومون بذلك تذكروا أن لكم أولاد يشغلون فكركم يشغلون يومكم جعلوا لكم أحلام وطموحات فقولوا الحمد لله أن لكم أولاد أسوياء يتفاعلوا مع المحيطين ويتعلمون من الأحداث التي تمر بهم فهناك أطفال بلغوا سن الرشد لا يدركون شيء عن الحياة فقل الحمد لله، أما التعامل مع الأخطاء التي تؤذيك

نفسياً بسبب الأولاد وتشعرك بالعار أحيانا؛ تذكر أن الله خلقنا خطائين ولذلك باب العودة مفتوح لنا علي مصرعيه وهو ربنا ونحن عبيده عاملوا أولادكم بكرم الله عليكم، وتلقوهم بفرح عند عودتهم نادمين، وأكرموهم.

ختـامـا

أبنائي ما قيمتنا بدونكم؟ وان كنتم تظنون أنكم تحتاجوننا وتحتاجون حبنا وتسعدون بهذا الحب؛ بل نحن من نستمد قوتنا بوجودكم ولا تستطيب لنا الحياة إلا بسماع أصواتكم وندائكم لنا بشرف وسامكم لنا أمي أبي.

المـراجـع

الأساس في التفسير المؤلف: سعيد حوّى

محاضرات تفسير سورة البقرة نعمان علي خان

كتاب علاقات خطره_استشاري ومُدرّس الطبّ النَّفسي- كلية الطب- جامعة. أحمد طه صديق

كتاب إميل تربية الطفل من المهد الي الرشد_ جان جاك روسو

كتاب هكذا نربي _ دكتور مصطفي أبو سعده

أ.د .طارق الحبيب بروفيسور واستشاري الطب النفسي المشرف العام على مراكز مطمئنة للاستشارات والتدريب

قائمة المحتويات

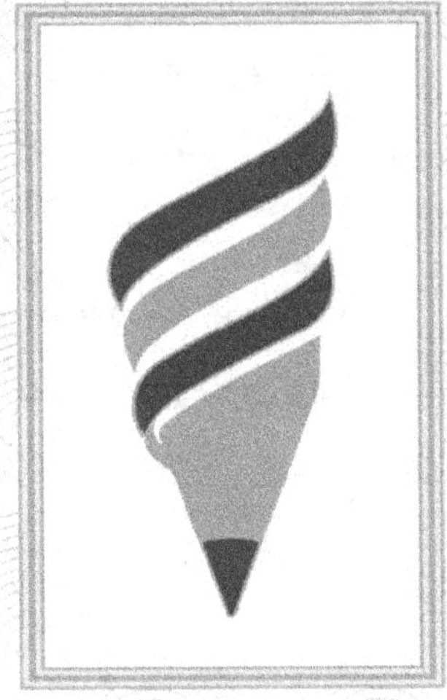

عبير خضر